AF362367

DONNÉES EXPÉRIMENTALES

SUR

LES COMBUSTIBLES USUELS

DONNÉES EXPÉRIMENTALES

SUR LES

COMBUSTIBLES USUELS

PAR

J.-A. ORTOLAN

MÉCANICIEN EN CHEF DE LA MARINE
OFFICIER DE LA LÉGION D'HONNEUR

BREST

IMPRIMERIE J. B. LEFOURNIER AÎNÉ, GRAND'RUE 86

1871

(Extrait du *Bulletin de la Société académique*)

DONNÉES EXPÉRIMENTALES

SUR LES

COMBUSTIBLES USUELS

AVANT-PROPOS

Réunir et coordonner les vérités éparses, sur les divers combustibles usuels, pour en faire un corps de doctrine à la portée de tout le monde, tel est le but que j'ai cherché à atteindre par cette note, où les faits sont nombreux et les premiers principes théoriques très-sommairement indiqués.

Ce que l'expérience personnelle m'a appris sur la question de combustion et de combustible m'a servi bien souvent de point de départ, pour expliquer des insuccès et corriger des erreurs.

Produire par la combustion de la chaleur à bon marché n'est pas chose facile. En dehors de l'action très-puissante qu'apporte dans l'application les dispositions plus ou moins rationnelles des appareils de chauffage ou de vaporisation, l'ignorance ou la connaissance de la valeur des combustibles et du rôle que jouent certains éléments constitutifs dans le phénomène de la combustion change le résultat final dans les proportions de 1 à 10.

Dans les faits de cette nature, la pratique pose des jalons de loin en loin, la science les rapproche et les consolide, mais la routine aveugle les ébranle ou les brise inconsciemment. C'est pour lui faire obstacle, que les personnes qui ont quelque souci du progrès, ne laissent pas passer l'occasion de faire connaître au plus grand nombre les vérités que l'expérience a vérifiées.

PRINCIPES ÉLÉMENTAIRES

DE LA COMBUSTION

L'hydrogène et le carbone isolés ou réunis se combinent très-facilement avec l'oxygène, lorsqu'ils sont portés à la température rouge. Cette combinaison se développe avec énergie en mettant en liberté une grande quantité de chaleur et en produisant de la lumière. Si donc, on enflamme par un moyen quelconque une portion de l'hydrogène que contient un combustible (bois, houille, graisse, etc.), en le laissant en contact avec de l'air, qui fournit l'oxygène, la combustion se continuera d'elle-même tant que le corps combustible fournira de l'hydrogène ou du carbone et tant que l'air fournira de l'oxygène.

Dans la combustion de la houille, le phénomène se produit ainsi :

Premièrement, sous l'action de la chaleur, il s'échappe de la houille un gaz inflammable composé d'hydrogène et de carbone qui brûle avec flamme, en produisant de la vapeur d'eau et de l'acide carbonique ou de l'oxyde de carbone. (Le gaz du charbon contient environ 90 parties en poids d'hydrogène proto-carboné et 10 parties d'hydrogène bi-carboné ou gaz d'éclairage.)

Secondement, le carbone dont s'est séparé le gaz du charbon reste dans la matière carbonée ou coke, sur la grille du foyer et à la température rouge; il se combine alors avec l'oxygène fourni par l'air qui arrive dans le foyer. Dans cette combinaison, le carbone passe, soit à l'état d'oxyde de carbone, soit à celui d'acide carbonique. Si la combustion est parfaite, 1 kilogramme de houille produit 18 mètres cubes de gaz chauds et 2 mètres cubes de vapeur d'eau environ.

La première combinaison du carbone avec l'oxygène, que l'on pourrait appeler la première combustion, donne de l'*oxyde de carbone*; 1 kil. de carbone, en passant à cet état, développe 1.386 calories. La seconde combinaison donne de l'*acide carbonique* en développant 7.170 calories. D'autre part, 1 kil. d'hydrogène, en se combinant avec l'oxygène, donne 29.000 calories. Il convient donc de fournir au carbone, soit directement, soit par l'intermédiaire de l'air, une quantité d'oxygène suffisante pour faire passer tout le carbone à l'état d'acide carbonique. Il convient également de disposer le foyer spacieusement et de telle sorte que les deux combinaisons chimiques puissent s'y faire complètement et que la température y soit assez élevée pour maintenir la matière carbonée à la chaleur rouge. Dans ces circonstances, il ne s'échappe pas de l'oxyde de carbone par la cheminée, mais seulement de l'acide carbonique et de la vapeur d'eau. Si ce dernier résultat n'est pas atteint, on perd la chaleur qui se serait développée en ne produisant dans le foyer que de l'acide carbonique; car le même poids de carbone qui passe à l'état d'acide carbonique développe environ 5 fois plus de chaleur, que s'il passe à l'état d'oxyde de carbone par insuffisance de la quantité d'air introduite dans le foyer, ou bien parce que la température dans ce milieu n'est pas assez élevée Actuellement, avec des foyers bien établis, on ne perd, par le fait d'une combustion incomplète, que de 5 à 10 0/0 de la chaleur totale que peut donner le combustible, non compris la chaleur entraînée par les gaz chauds qui s'échappent par la cheminée. Cette dernière perte est une nécessité pour entretenir le tirage; elle s'élève en moyenne à 14 0/0. La température des gaz chauds rejetés est de 250° à 400° à la base de la cheminée. Si les feux sont mal conduits, la perte de chaleur totale va du simple au double, et doit être attribuée à une combustion incomplète.

En résumé, la combustion est incomplète : 1° Quand la quantité d'air introduite dans le foyer est insuffisante ; ou si étant suffisante, ce gaz est mal appelé, mal distribué ; par exemple, si au lieu de traverser la masse du combustible incandescent il ne passe qu'au dessus d'elle et non divisé ; 2° quand l'air appelé est en excès, car à partir du poids d'air rigoureusement nécessaire pour brûler complètement un poids donné de combustible, la température du mélange gazeux décroît à peu près proportionnellement aux quantités d'air introduites dans le fourneau ; 3° si la température dans le foyer n'est pas maintenue à la chaleur rouge. Dans ces différents cas, une certaine partie du combustible échappe à la combustion et les produits auxquels on donne en général le nom de *gaz brûlés*, contiennent, soit de l'hydrogène libre, soit de l'oxyde de carbone, soit de l'hydrogène combiné avec du carbone, soit encore du carbone en suspension à l'état solide accusé particulièrement par la coloration et l'abondance de la fumée.

Les produits d'une combustion complète ne sont que de l'acide carbonique, de l'azote et de la vapeur d'eau.

Les différentes variétés d'une même espèce de houille donnent plus ou moins de fumée pendant leur combustion dans un même foyer, toutes choses égales par ailleurs, et comme la fumée plus ou moins noire, plus ou moins épaisse est un indice d'une combustion plus ou moins parfaite, on doit régler le tirage, l'arrivée de l'air, la sortie des gaz chauds, la hauteur de la couche de combustible de manière à produire le moins de fumée possible.

L'absence de fumée n'est pas une preuve absolue d'une parfaite combustion, parce que l'oxyde de carbone qui est incolore et qui, comme il vient d'être dit, est le résultat d'une mauvaise combustion, peut être entraîné au dehors par le tirage sans que sa présence soit accusée à la vue.

Les générateurs de vapeur, établis dans les meilleures conditions actuelles de la pratique, et lorsque les feux sont bien conduits, donnent les résultats suivants au point de vue de l'utilisation de la houille de bonne qualité :

Chaleur développée par la combust^{on} complète de 1^k de houille $=$ 7500 calor.

Pertes par le tirage......... 20 °/₀ correspondant à 1500 cal. $\Big\}$
— la combust^{on} incomp. 5 — 375 $\Big\}$ $=$ 2100
— le rayonnement .... 3 — 225 $\Big\}$

Total des pertes........ 28 °/₀   2100

Nombre de calories utilisées.............. 5400

Ces 5,400 calories produisent 8^k,500 de vapeur en prenant la température du liquide vaporisé à 0°, et 8^k,700 en la comptant à 15° qui est la température moyenne de l'eau dans nos régions.

Le calcul de la perte par le tirage est fait, sans grande erreur, en supposant la température des gaz qui s'écoulent par la cheminée $=$ 300° ; le poids de l'air introduit dans le foyer par kilogramme de houille brûlée $=$ 20 kilogrammes ; le poids de la masse gazeuse qui s'écoule égale le poids d'air introduit, et la chaleur spécifique de cette masse $=$ 0,25.

On trouve ainsi numériquement que la perte dont il s'agit $=$ 20 × 300 × 0,25 $=$ 1500 calories.

Tableau 2. PRODUITS DE LA COMBUSTION DE 1 KIL. DE DIVERS GAZ COMBUSTIBLES PAR L'AIR ATMOSPHÉRIQUE

Données de la Théorie d'après Gay-Lussac, Péclet, Tresca.

COMBUSTIBLES.				PRODUITS DE LA COMBUSTION.					VOLUME d'oxygène pour brûler.		VOLUME d'air pour brûler.	
DÉSIGNATION et FORMULE ATOMIQUE.	Équivalent chimique par rapport à l'hydrogène = 1	Composition en volume d'un volume du Combustible.	Volume en mètres cubes de 1 kilogramme du Combustible.	DÉSIGNATION du PRODUIT ET FORMULE ATOMIQUE.	Équivalent chimique par rapport à l'hydrogène = 1	Composition en volume des produits.	Volume des produits.	Poids total des gaz après la combustion par kilogramme.	1 Volume du combustible	1 Kilogramme du combustible	1 Volume du combustible	1 Kilogramme du combustible
O. Oxygène........			m³						m³ c.	m³ c.		
C. Carbone (*)......	6	C	0,9131	CO^2 Acide carboniq.	22	2(½C+O)	2	12,29	2,0	1,8262	9,388	8,572
C. Carbone........	6	C	0,9131	CO Oxyde de carb.	14	2(½C+O)	2	6,65	1,0	0,9131	4,694	4,286
C.O. Oxyd^de de Carb^one.	14	½C+½O	0,7927	CO^2 Acide carboniq.	22	1(½C+O)	1	3,42	0,5	0,3964	2,	1,860
H. Hydrogène.....	1	H	11,1633	HO Eau..........	9	1(H+½O)	1	34,97	0,5	5,5816	2,347	26,200
C^2H^4 Hydrogène-proto-carboné..	16	½C+2H	1,3756	2 CO^2 Acide carbon. 4 HO Eau........	44 } 80 36 }	1(½C+O) 2(H+½O)	3	17,99	2,0	2,7512	9,388	12,914
C^4H^4 Hydrogène-bi-carboné....	28	C + 2 H	0,7846	4 CO^2 Acide carbon 4 HO Eau........	88 } 124 36 }	2(½C+O) 2(H+½O)	4	15,57	3,0	2,3538	14,082	11,048

(*) Le carbone est considéré ici à l'état de vapeur, bien qu'il ne puisse exister isolément à cet état. Mais on admet par analogie qu'il se comporte dans la réaction chimique comme si le poids du mètre cube de sa vapeur était de 1k0952. D'après cette donnée, le volume du kilogramme de cette vapeur serait de 913 décimètres cubes.

VOCABULAIRE

RELATIF AUX ÉLÉMENTS ET AUX DIVERS PRODUITS DE LA COMBUSTION

ACIDE CARBONIQUE. — C'est un gaz à peu près sans odeur, d'une légère saveur aigrelette. Sa densité par rapport à l'air est de 1,529. A 0° de température et sous une pression de 36^{at}, il se liquéfie, mais à la température de + 30° il lui faut 73^{at}. A l'état liquide, il est absolument incolore et sa densité rapportée à celle de l'eau est alors de 0,98 sous 0° de température ; à —70° il se solidifie en formant une masse vitreuse parfaitement transparente. Un même volume d'eau dissout le même volume de gaz acide carbonique ; la dissolution rougit faiblement la teinture bleue de tournesol. L'acide carbonique est le produit constant d'une bonne combustion. Il s'en développe de grandes quantités dans la respiration des animaux, qui consiste finalement en une absorption d'oxygène et une exhalation d'acide carbonique, et dans la fermentation des matières organiques à l'air humide. On l'obtient facilement en attaquant un carbonate de chaux (pierre calcaire, craie, marbre) avec l'acide chlorhydrique ou sulfurique. Dans le phénomène de la combustion pratique, la proportion de carbone transformé en acide carbonique dans les foyers des chaudières est de 0,51 de la quantité contenue dans le combustible les circonstances étant les plus favorables, et seulement 0,14, les circonstances étant les plus défavorables. Dans ce dernier cas, il paraît démontré que l'épaisseur du combustible sur la grille est trop grande, par rapport à l'activité du tirage.

Dans une chambre ou un récipient qui est supposé avoir contenu en excès de l'acide carbonique, on ne doit pénétrer qu'après s'être assuré que la flamme d'une bougie s'y maintient vive comme à l'air libre, et particulièrement dans les parties basses.

AIR. — Un volume d'air ne contient d'oxygène que les 0,213 de son volume, et il contient les 0,787 de son volume d'azote.

Dans un volume d'air, le volume de l'azote est trois fois 694 millièmes celui de l'oxygène. Un poids d'air ne donne d'oxygène que les 0,236 de son poids, et il donne les 0,764 de son poids d'azote.

Pour avoir 1 kilogramme d'oxygène, il faut prendre 4 mètres cubes d'air. Pour avoir 1 mètre cube d'oxygène, il faut prendre 4 mètres cubes 700 décimètres cubes d'air, soit 5 mètres cubes en nombre rond.

Les quantités d'air en poids et en volume nécessaires à la combustion, peuvent être ainsi déterminées théoriquement :

Q, poids de l'air en kilogr. pour brûler complètement 1 kilogramme de combustible désigné.

L, volume de l'air en mètres cubes   d°

C, poids du carbone contenu dans 1 kil. de combustible.

H, poids de l'hydrogène   d°

O, poids de l'oxygène   d°

$$Q = 12,2.\ C + 38,1.\ (H - 0,125.\ O.)$$

$$L = \frac{Q}{1,203} \quad (\text{Voir le tableau 2. Page 24.})$$

Pratiquement, on prend du tiers en plus, au double des quantités d'air ainsi déterminées.

AZOTE. — Gaz incolore, sans odeur ni saveur, non liquéfiable ; sa densité par rapport à l'air est 0,9713. Il existe dans la composition de l'air. (Voir *Air.*) Il est neutre dans le phénomène de la combustion, et il est entraîné hors du foyer, dans le courant des gaz chauds dont il fait partie. Une bougie allumée s'éteint instantanément dans l'azote, parce que l'oxygène fait défaut; par la même raison, les animaux ne peuvent pas vivre dans un espace ne contenant que de l'azote. Avant de pénétrer dans un récipient, une chaudière fermée depuis longtemps, il convient de prendre les mêmes précautions qu'au sujet de la présence supposée de l'acide carbonique dans un milieu hermétiquement clos. L'eau dissout une très-petite quantité d'azote, environ les 0,025 de son volume.

Le procédé le plus simple pour obtenir ce gaz, est de laisser séjourner pendant vingt-quatre heures un bâton de phosphore dans une cloche pleine d'air et placée sur une cuve contenant de l'eau.

BITUME. — *Substances*, *matières bitumineuses*, sont des qualifications de la houille. Elle contient une quantité plus ou moins grande de bitume impur, solide, très-combustible, d'un aspect noir et donnant lieu à une fumée très-épaisse d'une odeur très-caractéristique. L'anthracite ne contient que des traces de bitume. La houille grasse, collante ou molle doit ses caractères particuliers de combustion à une plus grande quantité de bitume que celle contenue dans les houilles maigres.

Le bitume seul, à l'état naturel, n'est pas un combustible industriel. On en distingue plusieurs variétés : le *naphte*, qui est liquide, transparent et très-inflammable. Le *pétrole*, qui est moins liquide que le naphte, et qui donne à la distillation un liquide semblable à ce dernier. Le *malthe*, qui est noirâtre et d'une consistance visqueuse. L'*asphalte* ou bitume solide, d'un noir foncé, ressemblant à la houille compacte à première vue, mais facile à distinguer par sa cassure conchoïdale et brillante et par sa fragilité. C'est avec un mastic composé de 90 0/0 de calcaire et 10 0/0 de bitume qu'on fabrique l'asphalte du commerce employé à la confection des trottoirs, des chaussées, etc.

CARBONE. — Ce corps est très-répandu dans la nature; il affecte des états physiques très-variés. A l'état pur et cristallisé, c'est le diamant; il est alors absolument infusible aux plus hautes températures que l'on puisse produire; mais il brûle complètement dans un courant d'oxygène en se transformant en acide carbonique et en laissant un dix-millième de son poids de cendres. La fonte de fer liquide, à une très-haute température, dissout une quantité de carbone plus grande que celle qu'elle peut retenir à une température plus basse; en se refroidissant, elle en abandonne une portion qui affecte des formes cristallines et qui se présente à l'état de lames noires très-brillantes, c'est ce qu'on nomme le *graphite*.

La *plombagine*, substance avec laquelle on fait des crayons, est du carbone naturel à un état cristallin tout à fait différent du diamant. Les matières organiques sont des composés de carbone, d'hydrogène, d'oxygène, d'azote.

Sous l'action d'une haute température, ces corps se dégagent à l'état de combinaisons volatiles, et une portion de carbone reste comme résidu ou charbon, dont l'aspect est aussi varié que l'est la nature de la matière organique qui a subi la combustion : par exemple le charbon de bois, le coke, le noir de fumée, le charbon animal, etc. Le charbon n'est pas du carbone pur ; un des moyens les plus sûrs pour obtenir ce dernier, consiste à calciner, dans un petit creuset fermé, un morceau de sucre ou de gomme.

Le carbone brûle dans l'air et se change en un gaz qui est l'acide carbonique.

CENDRE. — Résidu poudreux de la combustion des combustibles solides, infusible et de couleur variant du blanc au gris foncé. La cendre de bois contient de la silice, des oxydes de fer et de soude, des sulfates de potasse et de soude, etc. Ces derniers sels lui donnent certaines propriétés lessivantes ou propriétés de dissoudre les corps gras et de blanchir les matières textiles. La cendre de houille donnée par la combustion dans les fourneaux industriels, étant débarrassée des matières charbonneuses et bitumineuses qui s'y trouvent mêlées, est à peu près composée comme celle du bois. La cendre plus ou moins blanche caractérise une houille plus ou moins dure, plus ou moins bitumineuse. La quantité de ce résidu donnée par les bonnes houilles varie de 4 à 6 0/0; de 7 à 9 par les houilles médiocres, de 10 à 12 par celles de qualité très-inférieure. (Voir tableau 6.)

Escarbilles. — Menu des houilles, incomplètement brûlé, qui tombe de la grille et que l'on pourrait appeler du coke imparfait; leur couleur est brune. Les escarbilles qui ne sont pas mélangées avec trop de cendres et de résidus terreux brûlent en produisant une chaleur utile lorsqu'on les projette par petites quantités dans un fourneau dont le feu est bien vigoureux. La houille de bonne qualité et de grosseur moyenne (volume de 2 à 3 décimètres cubes) donne dans la pratique 0,10 de son poids d'escarbilles, correspondant à 0,12 de son volume ; ces escarbilles, mêlées de cendres, ne peuvent plus brûler avec profit dans les fourneaux ordinaires des chaudières actuelles. Plus le tirage est énergique, moins il y a de production d'escarbilles.

Fumée. — Elle provient d'une insuffisance d'air dans le foyer. Elle se produit très-abondamment sous forme de nuages noirs et lourds en apparence, lorsqu'on met du combustible frais sur la grille, alors même que ce combustible est peu fumeux par sa nature ; la grille, en ce moment, se trouve presque complètement obstruée, l'air ne passe à travers le combustible qu'en quantité presque insignifiante, et ce dernier éprouve alors une véritable distillation brusque, en vase clos, dont les produits pyrogènes se décomposent en passant au-dessus de la partie du fond du fourneau où la température est plus élevée. Dans cette décomposition, il se forme beaucoup de vapeur d'eau et un dépôt de charbon en particules très-ténues qui est entraîné et qui, suivant son plus ou moins d'abondance, donne la fumée noire opaque, ou légère translucide et jaunâtre.

L'abaissement brusque de la température du foyer au moment de la charge, est aussi une des causes de la formation de la fumée. Le tirage et la disposition d'un foyer doivent être spécialement établis pour une qualité de combustible, si l'on veut obtenir une fumivorité complète dans le courant de la pratique ; car, dans la composition des différentes variétés de combustible, il se trouve en plus ou moins grande quantité des huiles empyreumatiques, des goudrons, des bitumes, dont la combustion sans produits légers et colorés exige des installations et une méthode de chauffage différentes.

Il paraît acquis définitivement que la fumée est incombustible ; il s'agit donc d'empêcher qu'elle se produise si on veut arriver aux résultats principaux qu'elle entrave : l'économie de combustible, l'entretien facile de la propreté des objets avoisinant les cheminées, l'hygiène des régions habitées dans le voisinage des usines à feu.

Gaz de la combustion ou gaz brulés. — On donne ce nom aux composés gazeux, non compris la vapeur d'eau, qui s'échappent par la cheminée pendant que le phénomène de la combustion se produit dans le foyer. On admet, au point de vue général, que dans le cas d'une très-bonne combustion, la composition, des gaz brûlés est pour 100 volumes, de 10 volumes d'acide carbonique, 11 volumes d'oxygène et 79 volumes d'azote. Dans les circonstances les plus favorables de la pratique, on n'a pas encore pu arriver à ne pas produire de l'oxyde de carbone, dont la formation diminue la production de chaleur comparativement à la formation de l'acide carbonique. (Voir page 7.)

Dans les meilleurs résultats, on a constaté que les 0,14 du charbon se sont transformés en oxyde de carbone et les 0,86 en acide carbonique et que dans les résultats très-médiocres il y a eu 0,50 transformés en oxyde de carbone et 0,50 en acide carbonique. Dans ce dernier cas, il est évident ou que l'épaisseur du combustible sur la grille est trop grande, ou que le tirage est insuffisant pour amener en contact avec le combustible en ignition la quantité d'oxygène nécessaire à la transformation du carbone en acide carbonique.

Dans la combustion imparfaite, par exemple, lorsque le tirage diminue beaucoup, on trouve dans les gaz de la combustion de 3 à 4 0/0 d'hydrogène bi-carboné ou proto-carboné.

Hydrogène; vapeur d'eau produite dans la combustion. — L'hydrogène est un gaz éminemment combustible ; il brûle au contact de l'air avec une flamme très-peu brillante, mais très-chaude. La chaleur devient surtout extrêmement intense quand on alimente la combustion avec du gaz oxygène pur. Par ce moyen, on produit la plus haute température que l'on ait encore obtenue par la combustion. (Principe des chalumeaux dits à flamme d'hydrogène; application industrielle au soudage des feuilles de plomb ou de zinc, sur place.) Le gaz hydrogène n'entretient pas la combustion, étant lui-même un combustible.

La composition élémentaire du plus grand nombre des combustibles usuels comprend de l'hydrogène fixe ou libre depuis 1 jusqu'à 6 parties en poids; la houille en contient moyennement 3,5. La plus grande teneur d'un combustible en hydrogène lui donne un plus grand pouvoir calorifique; c'est la présence de l'hydrogène et de l'oxygène qui, dans les conditions habituelles de la combustion donne lieu à la formation d'une certaine quantité d'eau et par suite de vapeur aqueuse. (L'eau est composée de 11,13 hydrogène et de 88,87 oxygène.)

La formation de la vapeur dans la combustion est évidemment une cause de perte de chaleur pour le résultat industriel, puisque chaque kilogramme d'eau ne se vaporise qu'en absorbant et en emportant au dehors de l'appareil 637 calories.

La formation de l'eau dans le phénomène de la combustion est d'autant plus grande qu'il y a excès d'oxygène dans le milieu où la combustion a lieu ; à ce point de vue, une trop grande quantité d'air appelée dans un fourneau produit un mauvais résultat, non-seulement parce qu'il refroidit la chambre de combustion, mais parce qu'il donne lieu à la formation d'une plus grande quantité d'eau.

Le fer, à la chaleur rouge, décompose l'eau en s'emparant de l'oxygène, l'hydrogène reste alors libre. Si cette décomposition a lieu dans une chaudière dont certaines parties exposées au feu ont été découvertes accidentellement, il peut se faire alors que l'eau d'alimentation apportant une certaine quantité d'oxygène avec l'air qu'elle contient en dissolution (1/20 de son volume), 2 volumes d'hydrogène et 1 volume d'oxygène se combinent et produisent une forte détonation. C'est là une des causes admises de l'explosion des générateurs de vapeur.

HYDROGÈNE PROTO-CARBONÉ. — Gaz incolore, sans odeur. Il brûle à l'air avec une flamme bleuâtre. L'eau n'en dissout qu'une très-petite quantité. Sa densité par rapport à l'air n'est que 0,56. Sa composition comprend quatre parties d'hydrogène pour une partie de vapeur de carbone. Il se dégage en grande quantité de la vase, des eaux stagnantes, ce qui lui a fait donner le nom de *Gaz des marais*. On l'obtient en chauffant dans une cornue de verre un mélange d'acétate de soude, de la chaux et de la potasse caustique.

C'est de l'hydrogène proto-carboné qui se dégage en abondance de la houille de certaines mines et qui, s'accumulant dans les parties supérieures des galeries ou dans les vides naturels formés entre les couches de houille, donne des mélanges explosifs très-dangereux connus sous le nom de *grisou*. Il entre dans la composition du gaz d'éclairage.

HYDROGÈNE BI-CARBONÉ OU GAZ OLÉFIANT. — C'est un gaz incolore d'une odeur empyreumatique, insoluble dans l'eau. Il n'entretient ni la respiration ni la combustion Sa densité par rapport à l'air est 0,98. Il est formé de 14,29 parties d'hydrogène et de 85,71 de vapeur de carbone. Il brûle à l'air avec une flamme brillante. On l'obtient en chauffant ensemble 1 partie en poids d'alcool et 5 ou 6 parties d'acide sulfurique concentré. Comme l'hydrogène proto-carboné, il entre dans la composition du gaz d'éclairage.

MACHEFER OU SCORIE. — Matière vitreuse, fusible, incombustible qui se forme sur la grille en gâteaux plus ou moins épais et plus ou moins adhérents aux barreaux qu'elle attaque et détruit promptement. Le mâchefer est formé par les substances terreuses, schisteuses, calcaires, métalliques, qui ne se volatilisent pas pendant la combustion du combustible qui les contient. En obstruant les passages de l'air par la grille, il nuit considérablement à la combustion ; sa présence est alors caractérisée par des plaques d'un rouge très-sombre, noires quelquefois, très-apparentes au-dessous de la grille, vue par le cendrier.

Brûlée dans les foyers des chaudières actuellement en usage, la houille de bonne qualité produit de 1 à 2 0/0 en poids de mâchefer; celle de qualité moyenne de 2 à 4 0/0, Les mauvaises qualités en donnent jusqu'à 10 0/0.

Oxygène. — Se dissout en très-petite quantité dans l'eau, environ 0,046. Ce gaz est indispensable à la combustion industrielle. Il est contenu dans l'air dans la proportion de 0,21 en volume et de 0,24 en poids. La combustion d'un corps est beaucoup plus vive dans l'oxygène que dans l'air atmosphérique, et elle produit aussi une plus grande élévation de température. C'est l'élément essentiel de la respiration des animaux et l'un des éléments composants de l'eau.

La plupart des combustibles usuels contiennent de l'oxygène à l'état fixe ou libre, et ils ont par cette raison un pouvoir calorifique plus grand que ceux qui n'en contiennent pas.

Tous les métaux se combinent avec l'oxygène et forment un composé auquel on a donné le nom générique d'*oxyde*. La combinaison directe d'un métal avec l'oxygène est une véritable combustion qui a lieu avec dégagement de chaleur; la température est d'autant plus élevée que cette combinaison se fait plus rapidement. L'oxyde de fer ou rouille est le composé produit par l'action de l'oxygène humide sur le métal; l'oxygène sec ne produit pas de rouille. Lorsqu'une certaine quantité d'oxyde s'est développée à la surface d'un métal et particulièrement du fer, l'altération marche ensuite beaucoup plus rapidement.

Oxyde de carbone. — Ce gaz est incolore, inodore. Il brûle à l'air avec une flamme bleuâtre caractéristique. L'eau n'en dissout que $\frac{1}{16}$ de son volume, environ; il est sans action sur la teinture de tourne-sol. Sa composition est de 42,86 de carbone et 57,14 d'oxygène. Il se forme en abondance toutes les fois que la combustion du charbon dans un fourneau se fait sous l'influence d'une quantité insuffisante d'oxygène. Il arrive fréquemment que si la température est encore suffisante à l'orifice supérieur d'un fourneau où s'est formé de l'oxyde de carbone, ce gaz s'enflamme et brûle avec une flamme bleue au contact de l'air injecté ou qui entoure l'orifice. On l'obtient dans les laboratoires en faisant passer lentement un courant de gaz acide carbonique à travers un long tube de porcelaine ou de verre renfermant du charbon chauffé au rouge.

Au sujet de la formation de l'oxyde de carbone dans le phénomène de la combustion, il convient de se rappeler dans la pratique, que 1 kilogramme d'acide carbonique contient 0,27 de carbone, tandis que l'oxyde de carbone en contient 0,43. Donc, pour une même quantité en poids d'oxyde de carbone ou d'acide carbonique évacuée par la cheminée, on perd en carbone, avec l'oxyde de carbone

$$\frac{0,43 - 0,27}{0,43} = 1\ 0/0$$ en plus qu'avec l'acide carbonique.

Pyrite ou bisulfure de fer. — Matière qui se rencontre en grande abondance dans la nature sous la forme de petits cristaux cubiques brillants ou ternes, d'un jaune de laiton ou blanc; l'acide azotique l'attaque promptement. Le pyrite est souvent mêlé à la houille dans des propor- tions qui présentent des inconvénients ou des dangers. 1° Dans la combustion, le soufre se dégage à l'état d'acide sulfureux qui attaque le métal. 2° Les pyrites ont la propriété de s'oxyder, de s'effleurir, de se décomposer à l'air et particulièrement sous l'influence de l'humidité chaude comme celle qui existe dans les amas de combustibles au sein desquels l'eau des pluies et l'air ne circulent pas. La décomposition se fait en dégageant une forte chaleur capable de mettre en combustion le charbon où elle se produit.

On peut reconnaître par des moyens simples et faciles si une houille donnée contient en abondance des pyrites et des matières sulfureuses.

1° Des traces jaunes comme la rouille marquent l'extérieur et l'intérieur d'un grand nombre de morceaux de charbon; ou bien encore, on y trouve en abondance de nombreuses paillettes brillantes comme est la limaille de cuivre jaune. L'absence de ces deux formes des substances sulfureuses, dans une houille, n'est pas une preuve qu'elle n'est point pyriteuse, car les composés sulfureux sont quelquefois d'une nuance noire terne.

2° Quelques hectolitres de houille menue cassée fraîchement et immergée de 1 à 2 centimètres dans une baille, donnent au liquide une teinte verdâtre après dix ou douze heures d'immersion, si la houille est pyriteuse.

3° Brûlée à l'air libre et à petit feu de forge, la houille pyriteuse dégage une fumée jaunâtre très-épaisse, d'une odeur de soufre très-prononcée. La soudure de deux morceaux de fer de bonne qualité chauffés à ce feu est très-difficile à faire et peu solide; les amorces sont visiblement perforées par de nombreux petits trous, et sur la partie du fer qui n'est pas recouverte par le combustible incandescent, il se dépose une poussière jaunâtre.

La Suie est une conséquence immédiate de la fumée; c'est pour ainsi dire de la fumée condensée. Elle se dépose en croûtes luisantes sur les parois des cheminées. Elle est composée principalement de charbon, d'huile empyreu-matique et d'acide acétique Celle du charbon de terre ne diffère pas notablement de celle du charbon de bois. Sous l'influence de la chaleur et de la vapeur d'eau à laquelle donne naissance la combustion, les particules charbon-neuses déposées par la fumée sur les parois des conduits se forment en croûtes luisantes. Le noir de fumée propre-ment dit résulte particulièrement de la combustion des résines, des goudrons ou des huiles grasses dans des vases disposés pour le recueillir.

COMBUSTIBLES USUELS

INDICATION SE RAPPORTANT AU TABLEAU 2 CI-APRÈS :

Pour les corps de la série A, les moyennes ont été obte-nues expérimentalement dans les meilleures conditions de la pratique, en ce qui concerne la vaporisation (colonne 6 du Tableau 2).

En ce qui concerne le pouvoir calorifique déduit de la composition (colonne 5), les résultats ont été calculés en comptant le pouvoir calorifique de l'hydrogène, égal moyen-nement à 29000^{cal} et celui du carbone à 8000^{cal} (d'après Tresca).

Pour les corps de la série B, les résultats (colonne 5) ont été calculés en comptant le pouvoir calorifique de l'hy-drogène, égal à 31462^{cal} et celui du carbone à 8080^{cal} (d'après Péclet).

Tableau 2

COMBUSTIBLES

COMPOSITION ET POUVOIR CALORIFIQUE, DÉDUITS DE LA
(Les Pouvoirs Calorifiques sont exprimés en

SÉRIE A — DONNÉES NUMÉRIQUES d'après TIRESCA	COMPOSITION ÉLÉMENTAIRE sur 100 PARTIES EN POIDS				POUVOIR CALORIFIQUE DÉDUIT		
	CARBONE.	HYDROGÈNE.	OXYGÈNE.	CENDRES.	de la COMPOSITION.	de la VAPORISATION dans les bonnes conditions de la pratique.	
	1	2	3	4	5	6	7
	kil.	kil.			cal.	val.	lit.
Hydrogène............	»	1,00	»	»	29000	»	»
Gaz d'éclairage.......	0,62	0,21	0,17	»	10000	8251	13,000
Carbone pur..........	1,00	»	»	»	8000	»	»
Houille de bonne qualité	0,85	0,05	0,15	0,05	8000	5096	8,000
Anthracite...........	0,90	0,03	0,03	0,04	7500	5207	8,300
Coke............ ..	0,85	0,05	»	0,10	7000	4777	7,000
Lignite..............	0,70	0,05	0,20	0,05	6800	3312	5,200
Charbon de bois	0,80	»	0,13	,07	6000	4613	7,400
Tourbe carbonisée....	0,82	»	»	0,18	5000	4450	7,000
Tourbe ordinaire.....	0,55	0,05	0,30	0,10	5000	3185	5,000
Tourbe à 0,20 d'eau...	»	0,03	0,50	0,07	4000	2548	4,000
Bois sec......... ...	0,48	0,06	0,45	0,01	4000	2675	4,200
Bois à 0,20 d'eau.....	0,30	0,05	0,54	0,01	3000	2500	4,000
Oxyde de carbone....	0,13	»	0,57	»	1030	»	»
Gaz des hauts fourneaux	0,06	0,02	0,02	»	900	560	0,880
SÉRIE B — DONNÉES NUMÉRIQUES d'après FAVRE et SILBERMANN							
Cire.................	0,82	0,14	0,04	»	11186	10496	16,477
Essence de térébenthine	0,88	0,12	»	»	10916	10852	17,030
Huile d'olive...	0,77	0,14	0,09	»	10435	»	»
Suif.	0,79	0,12	0,09	»	10015	»	»
Éther sulfurique......	0,65	0,13	0,22	»	8950	9027	14,171
Alcool à 42°.........	0,53	0,13	0,34	»	7235	7184	11,278
Soufre...............	»	»	»	»	»	7210	3,516

NOTA. — La quantité d'oxyde de carbone qui contiendrait 1 kilog. de carbone
qui 1030 calories, d'après les expériences de MM. FAVRE et SILBERMANN.

USUELS

COMBUSTION COMPLÈTE DE 1 KILOG. DE COMBUSTIBLES
calories et les Volumes en mètres cubes)

	D'APRÈS LA THÉORIE				DANS LA PRATIQUE		POUR OBTENIR LA MÊME QUANTITÉ DE CHALEUR (la consommation de houille étant 1 dans la pratique, la consommation du combustible désigné sera)		
	Poids nécessaire à la combustion de 1 kilogr. de combustible A et B		Volume correspondant au poids d'air P.	Volume des gaz brûlés ramenés à 0°.	Volume d'air.	Poids d'air.	En poids.	En volume compacte.	En volume à l'encombrement.
	d'oxygène.	d'air P.							
	8	9	10	11	12	13	14	15	16
	kil.	kil.	m. d.	m. d.	m³				
Hydrogène	8,00	23,07	26,26	29,68	»	»	»	»	»
Gaz d'éclairage	2,04	11,22	8,51	11,03	10	13,20	0,61	9,07	»
Carbone pur	2,66	11,30	8,59	8,59	»	»	»	»	»
Houille de bonne qualité	2,66	11,29	8,72	8,75	18	22,71	1,00	1,00	1,00
Anthracite	2,64	11,21	8,67	6,30	22	28,43	0,97	0,00	0,83
Coke	2,28	9,00	7,30	7,30	20	25,6?	1,06	»	2,25 / 2,93
Lignite	2,20	9,00	7,80	7,26	15	19,38	1,53	1,01	1,66
Charbon de bois	1,80	7,90	6,11	6,01	12	15,31	1,10	3,10 / 5,74	4,31 / 5,22
Tourbe carbonisée	2,18	9,25	7,15	7,04	14	18,11	1,14	»	»
Tourbe ordinaire	1,86	7,90	6,11	6,37	12	15,51	1,60	5,48	»
Tourbe à 0,20 d'eau	1,49	6,3?	4,80	5,09	10	12,92	2,60	»	»
Bois sec	1,75	7,43	5,74	3,57	12	15,50	1,60	2,90 / 4,56	4,37 / 5,95
Bois à 0,20 d'eau	1,40	5,01	4,59	4,41	9	11,61	2,03	»	»
Oxyde de carbone	0,57	2,42	1,87	2,22	»	»	»	»	»
Gaz des hauts fourneaux	0,23	0,90	0,76	1,89	1,20	1,56	9,10	»	»
Cire							0,51	0,70	»
Essence de térébenthine							0,50	0,75	»
Huile d'olive							»	»	»
Suif							»	»	»
Éther sulfurique							0,60	1,00	»
Alcool à 42°							0,75	1,23	»
Soufre							2,43	1,58	»

dégagerait 2402 calories pendant sa combustion, mais 1 kilog. de ce gaz ne donne

INDICATIONS GÉNÉRALES

SUR LES COMBUSTIBLES AU POINT DE VUE DE LA PRATIQUE

Le pouvoir ou puissance calorifique absolue d'un combustible, se dit de la quantité de chaleur exprimée en calories que peut développer un kilogramme de ce combustible en brûlant complètement et parfaitement dans un calorimètre. (Voir tableau 2.)

Le pouvoir rayonnant d'un combustible, se dit de la quantité de chaleur émise directement dans tous les sens et pendant toute la durée de la combustion parfaite d'un kilogramme de ce combustible, abstraction faite de la chaleur enlevée par la circulation des gaz chauds, qui ne transportent la chaleur que dans la direction de leur mouvement.

Étant donné un poids de bois et un autre poids de houille complètement en ignition et produisant la même quantité de chaleur par leur combustion complète, la chaleur rayonnée du centre du foyer de la houille pendant l'unité de temps et à une distance déterminée, sera plus grande de $1 - 0,254 = 0,746$ que celle qui aura rayonné du centre du foyer de bois. (Voir tableau 3, colonne 4.)

TABLEAU 3   POUVOIRS RAYONNANTS DES COMBUSTIBLES USUELS

	POUVOIR RAYONNANT		RAPPORT du pouvoir rayonnant du combustible indiqué, à celui de la houille $= 1$	
	Proportionnellement au pouvoir calorifique	Absolu en calor. pour 1 kil. de combustible	Exprimé proportionnellement au pouvoir calorifique (colonne 1)	Absolu d'après les nombres (colonne 2)
	1	2	3	4
Houille.........	0,55	4400	1,00	1,000
Coke..........	0,55	3850	1,00	0,875
Charbon de bois.	0,50	3000	0,90	0,681
Bois sec........	0,28	1120	0,50	0,254
Bois à 0,20 d'eau.	0,25	750	0,45	0,174
Tourbe.........	0,25	1250	0,45	0,284
Huile grasse....	0,18	1878	0,32	0,427

Dans la pratique, le pouvoir rayonnant d'un combustible a une importance qui ne saurait être négligée, ne serait-ce qu'au point de vue du meilleur résultat à obtenir immédiatement ; par exemple, l'intensité d'un feu de forge au charbon de terre est plus grande que celle d'un feu de même emploi au charbon de bois, toutes choses équivalentes par ailleurs.

TABLEAU 4

COMBUSTIBLES MINÉRAUX

CARACTÈRES CHIMIQUES DES COMBUSTIBLES MINÉRAUX DÉTERMINÉS PAR LES RÉACTIFS, LA DISTILLATION ET LA COMBUSTION

À première vue, la distinction entre certaines variétés de lignites, de houilles et d'anthracites est fort difficile à faire ; l'essai par les réactifs l'établit parfaitement.

COMBUSTIBLES		Action des Réactifs sur le Combustible			DENSITÉS	COMPOSITION Élémentaire			DISTILLATION en vase clos		Calcination à l'air produisant huit minutes, perte en matières volatiles pour cent	COMBUSTION	CENDRES
		La potasse	L'acide azotique	Le chlorure de chaux		Carbone	Hydrogène	Oxygène et Azote	Coke	Matières volatiles			
TOURBES		Détermine la présence de l'acide ulmique	Purifie les fibres ligneuses non altérées et les met en évidence	Même action que l'acide azotique, mais plus lente	17 à 40	60	5 à 6	3,4	Braise très-légère	Huileuses, acide acétique	60 à 70	Sans flamme avec odeur et fumée d'herbes sèches	Légères
LIGNITES	Xyloïde ou bois fossiles	dito	Dissout presque complètement ce combustible	Dissout en partie ce combustible	0,8 à 1	54 à 61	4 à 5,7	25 à 36	Analogue au charbon de bois	Huiles foncées d'une odeur forte désagréable	55 à 65	Peu de crépitation et de fumée flamme longue et jaune	Comme le bois dur
	Parfait ou compacte	Sans action	Dissout complètement ce combustible	Dissout complètement ce combustible	1,18 à 1,30	70 à 75	2 à 5	2 à 5	Frité et léger	Bitumineuses, peu de gaz inflammable	43 à 50	Flamme claire longue, fumée très-épaisse	Très-sensiblement scorifiées
HOUILLES		dito	Action lente, elle ne commence qu'ap. de deux heures de contact	Sans action	1,25 à 1,30	75 à 90	5 à 6	6 à 18	Coke dur, poreux bou soufflé	Bitumineuses, gaz inflammable, eau ammoniacale	20 à 40	Brûlent avec flamme, fumée noire, se boursouflent	Scorlacées
ANTHRACITES		dito	Action très-lente, elle ne commence qu'après six heures de contact	Sans action	1,34 à 1,40	92 à 95	2 à 3	3 à 4	Pulvérulent ou compacte suivant que l'anthracite est dans l'une ou l'autre état	Presque nulles	5 à 10	Brûlent presque sans flamme ni fumée, s'allument difficilement	Presque nulles

Tourbe brute. — Aspect de couleur brune ou noirâtre, terne, spongieuse. La cassure est fortement marquée de filaments radiculaires.

Composition élémentaire 0/0. — Carbone, 0,55 ; hydrogène, 0,05 ; oxygène, 0,03 ; cendres, 0,10.

Matières composantes brutes et matières mélangées. — Matières ligneuses, 0,49 ; substances résineuses, 0,038 ; substances analogues à la cire, 0,013 ; oxyde de fer, 0,004 ; silice, 0,08 ; gypse, 0,045 ; chaux et acide phosphorique, 0,027 ; résidus terreux, 0,25.

Produits fournis par la distillation en vase clos. — Substance huileuse, 0,08 ; acide pyroligneux, 0,25 ; gaz divers, 0,70, charbon, de 0,24 à 0,43 ; sels et oxydes, 0,12 ; cendres, de 0,15 à 0,30.

Densité moyenne très-variable, de 0,17 à 0,40.

Tourbe épurée comprimée. — Aspect de couleur plus foncée que la tourbe brute ; cassure homogène et grenue.

Produits solides fournis par la distillation. — Charbon, 0,48 ; cendres, 0,6.

Composition élémentaire. — Carbone, 0,82 ; cendres, 0,18.

Densité moyenne, de 0,75 à 1.

Charbon de tourbe, obtenu par la carbonisation en meule. — Aspect d'un noir moins foncé que le charbon de bois ; la cassure est métallique comme celle de ce dernier, et la sonorité au choc est très-prononcée.

Densité moyenne, 0,38.

Considérations générales sur l'emploi des tourbes. — Evaporation des liquides ; four à chaux. La tourbe brute donne des résultats analogues à ceux du bois ; la tourbe épurée et moulée donne des résultats supérieurs :

on l'emploie fréquemment au chauffage des chaudières d'usine et de navigation. Le feu est lent à prendre; il exige un fort tirage et il ne doit pas être attisé comme le feu de houille; sa flamme est blanche, plus lente que celle du bois; peu de fumée, mais d'une odeur ammoniacale prononcée; cendres légères. Les fourneaux doivent être disposés comme pour brûler du bois.

Lieux de provenance. — La tourbe est répandue en abondance dans les terrains du centre et de l'ouest de la France, particulièrement à Abbeville, Saumur, Essonne, Strasbourg. La Hollande et l'Allemagne en possèdent de grands gisements.

LIGNITE PUR OU BOIS FOSSILE. — Aspect du bois de provenance, mais de couleur beaucoup plus foncée.

Composition élémentaire 0/0. — Carbone, 054; hydrogène, 0,04; oxygène, 0,25; cendres, 0,15.

Produits fournis par la distillation. — De l'acide carbonique et des huiles foncées à odeur très-désagréable; charbon, 0,38; cendres, 0,15.

Densité, de 0,8 à 1.

LIGNITE BITUMINEUX OU BOIS BITUMINEUX. — Aspect : Contexture fibreuse; noir ou brun très-foncé. La cassure transversale est conchoïde.

Produits fournis par la distillation. — Matières aqueuses diverses, 0,34; produits gazeux, 0,27; charbon fritté, 0,37; cendres, 2.

Densité, 1,32.

Emploi des bois fossiles et des lignites bitumineux. — Peu employés à cause de l'odeur forte et désagréable qu'ils donnent à la combustion. Allumage facile. Ils brûlent avec peu de crépitation et de fumée, la flamme est longue et jaune et très-chaude.

Lieux de provenance. — Le bois fossile est surtout abondant dans les environs de Brukl et le bois bitumineux dons la Hesse.

LIGNITE COMPACTE — Aspect : noir luisant; structure schistoïde, quelquefois fragmentaire.

Il est presque impossible de reconnaître parfaitement les lignites d'avec les houilles, il faut recourir souvent aux réactifs (Tableau 4) ou à la combustion, car contrairement aux houilles, les lignites compactes ne se boursouflent pas et ne collent pas sur la grille.

Composition élémentaire 0/0. — Carbone, 0,70; hydrogène, 0,05; oxygène, 0,02; cendres, 0,05.

Produits fournis par la distillation. — Espèce de coke comme la houille, mais plus léger.

Densité. de 1,18 à 1,30.

Emplois usuels. — Les mêmes que ceux de la houille, mais moins avantageusement au point de vue de la vivacité du feu. La flamme est claire, longue, peu fuligineuse; la fumée très-épaisse, d'une odeur fétide, la suie très-abondante. Les lignites compactes exigent un tirage très-fort et des grilles étroites.

Lieux de provenance. — Dans le Var et les Bouches-du-Rhône, les lignites compactes sont très-abondants. On les exploite dans le Bas-Rhin, les Ardennes, Vevay et Lausanne, et aux environs de Gênes, dans les terrains de configuration du golfe.

LIGNITE TERREUX. — Brun foncé à cassure mate.
Matières composantes brutes et matières mélangées. —

Matières combustibles, 0,803; argile et sable, 0,066; pyrite, 0,131.

Densité moyenne, 1,23.

Emplois usuels. — Plus restreints que ceux des lignites compactes à cause des pyrites. La fumée a une odeur très-piquante; la cendre est rougeâtre et renferme 30 0/0 de potasse.

Lieux de provenance. — Chantilly, Bouvillier (Allemagne).

LIGNITE TERNE MASSIF. — Brun foncé, sans structure bien caractérisée

Lieux de provenance. — Dieppe, le Soissonnais, Westphalie.

LIGNITE TERNE FRIABLE. — Structure massive et toujours fragmentaire; il contient moins de pyrites que le lignite terreux; il perd très-promptement ses qualités combustibles après l'extraction. On l'emploie quelquefois à la cuisson de la chaux et quelquefois au chauffage des chaudières. Il est abondant dans les départements de la Somme, de l'Aisne et de la Seine-Inférieure.

LIGNITE FIBREUX — Brun clair, luisant ou terne; structure fibreuse plus ou moins serrée; la partie fibreuse noire est contournée en petites baguettes. C'est un bon combustible dans l'espèce lignite.

Il brûle avec une flamme assez claire, les cendres sont pulvérulentes comme celles des bois.

CONSIDÉRATIONS GÉNÉRALES SUR L'EMPLOI DES LIGNITES. — Moins inflammables que la houille et sous ce rapport se rapprochant du coke, les lignites demandent un tirage plus fort que celui qui convient à la houille, des grilles moins larges et à barreaux plus espacés. Leur plus grand défaut est de produire une fumée très-épaisse et une suie qui engorge très-promptement les carneaux et les cheminées. Ils altèrent le métal des chaudières, parce que presque toujours ils contiennent des pyrites de fer.

HOUILLE

La distinction de la houille des autres combustibles fossiles ou minéraux qui ont le même aspect, ne peut être établie rigoureusement que par les réactifs. (Voir tableau 4.)

Les houilles constituent le meilleur combustible de l'industrie et le plus universellement employé. Les variétés en sont très-nombreuses et la classification n'en est pas encore établie d'une manière simple et universellement adoptée. Le tableau ci-après résume les classifications les plus en usage en France et en Angleterre.

TABLEAU 5

CLASSIFICATION DES HOUILLES D'APRÈS LEUR ASPECT ET LEURS PROPRIÉTÉS GÉNÉRALES

CLASSIFICATION		PROVENANCE	DENSITÉ moyenne.	CARACTÈRES	
Anglaise	Française			Physique	de combustion
Connel-coal	Houilles compactes.	Lancashire. Edimbourg. Rocher-Bleu.	1,312	Noir tirant sur le gris, grande dureté.	S'allument facilement et brûlent avec une flamme vive.
Cherry-coal	Molles ou grasses, à longue flamme.	Newcastle, Glascow, Sunderland, Mons, Anzin.	1,266	Noir de velours, fragile, brillante, parfois éclatante.	S'embrasent facilement, brûlent avec flamme et se consument rapidement avec une forte chaleur.
Cakin-coal	Collantes ou maréchales, ou grasses fondantes.	Certaines houilles de St-Étienne et de Newcastle. Durham.	1,270	Noir de velours à couleurs irisées, brillant de la résine.	Se brisent au feu en petits morceaux qui s'agglutinent et brûlent avec une flamme jaune très-vive, un peu de fumée, et un grand dégagement de chaleur. Durent longtemps au feu.
Splint-coal	Esquilauses, sèches ou maigres, à longue flamme.	Wyham, Charleroi, Graissessac, généralement celles de St-Étienne.	1,36	Noir brun avec le brillant de la résine.	Il faut une très-grande température pour qu'elles entrent en combustion ; elles brûlent lentement sans flamme, mais avec une forte chaleur.

Commercialement, on distingue la houille d'après la grosseur des échantillons :

Tout-venant, telle qu'elle sort de la mine.

Pérat, gros en roches, morceaux choisis, dont la plus petite dimension en volume est plus forte que le poing.

Gaillette, de grosseur égale à peu près à celle du poing.

Gailleterie ou *petite gaillette* ou *gailletin roulant*, petits morceaux de cinq à un décimètre cube.

Poussier, charbon de terre très-menu, mêlé à une très-forte proportion de poussière.

La composition élémentaire de la houille, donnée par la distillation en vase clos, comprend moyennement : Carbone, 0,85; oxygène, 0,05; hydrogène, 0,05; cendres, 0,05.

Les matières qui y sont mélangées se résument en argile siliceux, alumine et pyrite sulfureux ; la présence des pyrites sulfureux dans la houille, occasionne les combustions spontanées.

La cassure de la houille est, ou lamelleuse, ou à grains, ou schistoïde.

Le plus grand nombre des houilles sont fragiles et peu hygrométriques; plongées dans l'eau, elles en absorbent de 0,10 à 0,50 de leur poids, par capillarité. A la température de 100°, elles perdent de 0,01 à 0,05 de leur poids.

Elles s'altèrent à l'air, et par la durée des influences atmosphériques, elles perdent une quantité importante de leur puissance calorifique (1).

------

(1) Si des expériences suivies n'ont pas été faites pour déterminer exactement la proportion de cette perte, on a constaté cependant qu'après six mois d'exposition à ciel ouvert, des morceaux de houille de 500 grammes ne donnaient plus de gaz inflammable en les chauffant à 300°, c'est-à-dire avant la température de la chaleur

Dans le choix d'une bonne houille destinée au chauffage des chaudières des machines à vapeur motrices, il importe d'être guidé par les considérations suivantes, rangées ici par ordre d'importance :

1° Assez faiblement pyriteuses pour ne pas attaquer le métal de la chaudière pendant leur combustion. (Voir page 533. Pyrites de fer.)

2° Puissance calorifique pratique 4.800 calories ; c'est-à-dire que 1 kilogramme de houille brûlée à feu modéré, sans tirage artificiel, dans une chaudière à bouilleurs ordinaires, doit vaporiser 7 litres d'eau au minimum. L'eau de la chaudière étant comptée à 0° de température au début, et plus tard l'eau d'alimentation étant à une température qui peut varier de 10° à 40°, par le calcul suivant on ramène la puissance calorifique au point de départ 0°.

$$Q = q \times \left(1 - \frac{T}{637} \right)$$

Q, poids de l'eau vaporisée, en supposant la température de l'eau à 0°.

q. poids de l'eau réellement vaporisée, la température constatée de l'eau d'alimentation et de l'eau du premier niveau étant T.

Si, par exemple, la quantité d'eau vaporisée par kilogr.

---

rouge, après les avoir réduits en poussière ; tandis que des morceaux de même grosseur et de même provenance ayant subi le même degré de pulvérisation au sortir de la mine, étant placés sous une cloche en verre, produisaient, 12 heures après, une flamme longue et éclatante en approchant une allumette enflammée de la cloche partiellement soulevée pour cet essai.

de charbon est de 8 litres et la température de l'eau
d'alimentation de 30°, on aura pour la vaporisation,
la température de l'eau étant supposée à 0° :

$$8 \times \left(1 - \frac{30}{637} \right) = 0,955 \times 8 = 7^{lit},64$$

3° Puissance de vaporisation rapportée au temps, au
moins égale à 15; c'est-à-dire qu'après avoir brûlé 500 kilogrammes du charbon essayé, la quantité d'eau vaporisée
par minute doit être de 15 litres en moyenne, en comptant,
comme au n° 2, l'eau à 0° de température.

Exemple : Désignant par P_v la puissance de vaporisation cherchée,

N le nombre de minutes écoulées pour brûler 500 kilogrammes de charbon = 200',

q le nombre de litres d'eau vaporisée pendant le temps
N = 4.000 litres.

T, la température de l'eau, = 30°.

La puissance de vaporisation par rapport au temps sera
donnée par la mise en nombre de la formule :

$$P_v = \frac{q \times \left(1 - \frac{T}{637} \right)}{n} = \frac{4.000 \times \left(1 - \frac{30}{637} \right)}{200} = 19^{lit},05$$

Les très-bonnes houilles donnent 22 litres dans ces conditions.

Lorsqu'on connaît la puissance de vaporisation rapportée au temps, d'une houille de bonne qualité brûlée dans
la chaudière où l'on fait l'essai d'une autre qualité de
houille, on arrive à une appréciation plus exacte en com-
parant les deux résultats. Le rapport entre la puissance
de vaporisation de la houille essayée, à la même puissance

de la houille connue, doit être, dans les cas généraux, de 0,85. D'ailleurs, les exigences à ce sujet sont dépendantes des considérations spéciales, telles que le cas où la chaudière étant très-puissante par rapport à la vapeur qu'elle doit fournir, il n'est pas absolument nécessaire que le charbon ait une combustion très-vive.

Le charbon employé au chauffage des chaudières marines, doit pouvoir fournir un violent coup de feu à un moment donné. A ce point de vue, le Newcastle peut être pris pour type; sa puissance calorifique, rapportée au temps, est comptée à 22, en nombre rond.

La houille destinée au chauffage de ces chaudières doit donner

$$\frac{P_v}{22} = 0,8.$$

Les nombres des colonnes 8, tableau 7 ont été obtenus par rapport au Cardiff, dont la puissance de vaporisation rapportée au temps, a été trouvée en moyenne de 21,25.

4° Cohésion ou résistance à la cassure, représentée par les nombres compris entre 0,40 et 0,60 ainsi déterminés : Dans un cylindre en tôle forte, de 1 mètre de longueur et de 0,92 de diamètre (à défaut dans une barrique en bois se rapprochant de ces dimensions), sont fixées trois lames en tôle de 20 centimètres de hauteur, s'étendant sur toute la longueur du cylindre et placées suivant la direction de trois diamètres qui divisent la circonférence en trois parties égales. Au moyen de deux tourillons et d'une manivelle, on peut lui donner un mouvement de rotation, en le plaçant horizontalement par les tourillons sur deux supports fixes. Par une porte latérale à fermeture, on introduit dans cet appareil 100 morceaux de charbon du poids moyen de 500 grammes chaque, soit 50 kilogrammes ; on fait faire alors 50 tours complets au cylindre, avec une vitesse d'environ 25 tours par minute ; on prend ensuite à la main, dans l'appareil, tout le charbon gros ou petit et après l'avoir criblé doucement sur une grille horizontale dont les mailles rectangulaires ont 3 centimètres de côté, on pèse tout ce qui passe par cette grille. Le rapport du poids du charbon ainsi criblé au poids des 50 kilogrammes expérimentés, indique la cohésion. C'est par cette méthode qu'ont été obtenus les nombres de la colonne 4, tableau 7.

La méthode anglaise diffère de la méthode française, en ce que l'essai est fait dans un cylindre de 1 mètre 20 de longueur, au lieu de 1 mètre, et sur 45 kilogrammes de houille, au lieu de 50 kilogrammes ; les morceaux ont un poids moyen de 450 grammes. En prenant les 0,88 de la cohésion obtenue par la méthode anglaise, on a assez exactement la cohésion qu'aurait accusée la méthode française.

C'est ce qui a été fait pour obtenir les nombres de la colonne 5, tableau 8.

5° Scories, machefer, au plus 3 % en poids, de la quantité de houille brûlée. On doit pouvoir les détacher, à froid, des barreaux où ils sont formés, sans donner trop de peine au chauffeur.

Cendres et escarbilles, 13 % au plus, du poids du charbon consommé, si celui-ci a été criblé comme il est indiqué au numéro ci-après :

6° Abondance et coloration de la fumée. Cette considération est subordonnée aux exigences des localités, ou à la nature du service des appareils générateurs de la vapeur.

Si la fumée ne fournit pas le moyen d'apprécier à la vue
la puissance de vaporisation d'un combustible qui brûle,
par son odeur elle caractérise les houilles sulfureuses en
excès. En principe, une houille de bonne qualité produit
peu de fumée et de couleur grise. Les houilles qui
donnent une fumée noire, abondante et qui persiste
dix minutes après chaque nouvelle charge de combustible sur la grille, sont ordinairement très-médiocres à
l'emploi, dans les chaudières des machines motrices, à
vapeur (1).

7° Quantité de houille consommée par heure et par
mètre carré de surface de grille, entre 80 et 120 kilog., le
feu étant activement poussé, le temps calme, sans aider la
combustion par un tirage forcé, le poids moyen des morceaux de charbon de 500 grammes environ. Le résultat de
cet essai concorde, habituellement, avec celui de la vaporisation par rapport au temps (n° 2), lorsque la houille est
de bonne qualité. Désignant par :

Données déduites de la vaporisation par rapport au temps

P, Poids du charbon brûlé en n, minutes pendant
   l'essai, soit...................... 960 kil.

n, Durée de l'essai en minutes....... = 180

S, Surface de grille................. = $4^{m²}$

V, Volume d'eau vaporisée........... = 6720 lit.

---

(1) Consulter sur la question de la fumée et des appareils fumivores, les ouvrages de William : *Combustion de la houille*. — BÈDE,
Économie du combustible. — COMBES, *les Appareils fumivores*.

Déductions, pour la vaporisation par mètre carré de surface de grille et par minute.

P', Poids du charbon brûlé par heure et par mètre carré de surface de grille.

$S' = 1^{m²}$ (surface de grille).

n' égale 60'

V' Eau vaporisée par heure et par mètre carré de surface de grille.

La valeur de P' sera donnée par la formule :

$$P' = \frac{P \times n' \times 1}{n \times 5} = \frac{960 \times 60 \times 1}{180 \times 4} = 80 \text{ kil.}, \text{ et celle de}$$

V' par $V = \dfrac{VP'}{P}$

Le rapport $\dfrac{V'}{P'}$ doit être égal à $\dfrac{V}{P}$

8° Temps nécessaire à l'allumage complet d'un fourneau, de 25 à 40 minutes en employant une quantité de bois d'allumage sec et léger (pin ou sapin) représentant en poids les 0,08 du poids de la houille qui garnit la grille sur une épaisseur normale de 8 à 12 centimètres, suivant que la houille est grasse ou maigre. Le temps (compté du moment de l'allumage du feu jusqu'au moment où la vapeur sort par la soupape de sûreté ouverte), doit être de une heure au plus, dans les conditions de temps calme et de tirage naturel.

9° Poids à l'encombrement, entre les limites de 780 à 850, c'est-à-dire qu'un hectolitre ras de charbon (100 décimètres cubes) passé au crible horizontal dont les mailles ont 3 centimètres de côté, doit donner en poids, entre 78 et 85 kilogrammes s'il s'agit d'un charbon en roches; ce qui, pour l'*encombrement* du mètre cube, donne un poids de 780 à 850 kilogrammes.

Désignant par p, le poids de l'hectolitre et par P, le poids
à l'encombrement; par Q, la quantité de charbon à loger,
exprimée en tonneaux de 1000 kilogrammes, et par V, le
volume en mètres cubes qu'occupe la quantité Q, on a :

$$V = \frac{Q \times 1000}{P} \text{ ou } V = \frac{Q \times 10000}{p}$$

$$Q = \frac{V.\,P}{1000} \text{ ou } Q = \frac{V.\,p}{10000}$$

On compte habituellement 850 kilogrammes par mètre
cube pour le charbon en roches, et 1200 kilogrammes pour
le tout-venant.

TABLEAU 6.

RÉSULTATS DE L'ANALYSE ET DE L'ESSAI
DE QUELQUES VARIÉTÉS DE HOUILLE BIEN DISTINCTES

Groupes de colonnes : **HOUILLES DU CREUSOT** (anthracites du puits Saint-Pierre 300ᵐ ; Maigres, Puits Saint-Paul ; Grasses, Puits Chaptal 160ᵐ) — **HOUILLES du PAYS DE GALLES** (de Duff ; de M. Powel) — **HOUILLES du BASSIN BELGE** (Assez grosses, Anzin ; Grasses, Denain) — **HOUILLES RONCHAMP (gras dur)** (2ᵉ échantillon 1863 ; 1ᵉʳ échantillon 1863) — **HOUILLES de BLANZY** (Grasses dures à coke dit anthraciteux petit, Marbornouse ; Tout venant sèche longue flamme, Montereau) — **SAARBRUCK** : Grasses à longue flamme — Fond du bassin (Soulzbach gras à longue flamme ; Dulweiler 2ᵉ qualité ; Altenwal 1 qualité) ; Sèche à longue flamme — Moyenne du bassin, milieu des couches (Von der Heydt ; Friedrichstadt ; Louisenthal).

PROVENANCES et QUALITÉS	Creusot anthr. S.-Pierre 300ᵐ	Creusot Maigres P. St-Paul	Creusot Grasses P. Chaptal 160ᵐ	Galles Duff	Galles M. Powel	Belge Assez grosses Anzin	Belge Grasses Denain	Ronchamp 2ᵉ éch. 1863	Ronchamp 1ᵉʳ éch. 1863	Blanzy Marbornouse	Blanzy Montereau	Saar Soulzbach	Saar Dulweiler 2ᵉ	Saar Altenwal 1	Saar Von der Heydt	Saar Friedrichstadt	Saar Louisenthal
100 grammes de houille brute contenant																	
Eau hygrométr.	1.75	1.19	0,42	0,63	0,75	1,03	1,14	0,65	1,0	2,01	4,07	1,63	1,7	2,5	2.71	1,4	3.6
Carbone	87,36	87,67	87,18	87,18	86,36	78,74	77,68	76	73	67,04	66,00	73,27	71	69,3	70,64	67,8	65
Hydrogène	3,47	4,09	4,35	3,08	3,86	3,92	4,10	4	3,7	3,62	4,43	4,55	4,1	4	4,55	4,2	4,3
Cendres	3,63	2,25	1,06	3,62	3,72	5,72	6,35	13	16,2	20,95	10,28	10,40	13	13	10,46	13	12,3
Oxygène et azote (pour différence)	3,75	4,80	6,99	4,89	3,31	10,55	10,73	7	6	6,38	13,72	10,00	9,6	10,5	11,65	14,3	15,6
TOTAL	100,00	100,00	100,00	100,00	100,00	100,00	100,00	100,00	100	100,00	100,00	100,00	100,00	100,00	100,00	100	100,00
Composition pour 100 de la houille sèche (cendres déduites)																	
Carbone {fixe / volatil}	92,36 {49,5 / 4}	90,86 {41 / 9,0}	88,4 {80 / 8,4}	91,1 {82 / 10}	92,5 {87,4 / 5,1}	81,3 {77 / 7,23}	83,9 {70 / 13,5}	87 {71 / 16}	88 {72 / 17}	87,6 {74,5 / 12,3}	78,6 {48,7 / 30}	83 {66,7 / 16,7}	83,8 {63 / 20}	83 {63 / 20}	81,56 {61 / 20,5}	79 {58 / 21}	77 {46 / 31}
Hydrogène	3,80	1,24	4,44	3,83	4,04	4,21	4,43	4,5	4,4	4,72	5,0	4,95	4,6	4,7	4,98	4,7	4,7
Oxygène																	
Azote	3,08	4,97	7,19	5,1	3,5	11,39	11,63	8	7,3	8,25	16,23	12	11,7	12,5	13,45	16,6	18,6
TOTAL	100,00	100,00	100,00	100,00	100,00	100,00	100,00	100,00	100	100,00	100,00	100,00	100,00	100,00	100,00	100	100,00
Coke — parties réduites : Carbone	31,5	44	41	50,44	50,7	33	40	50	50,1	49	58	49,7	36,4	53,8	52,7	49,4	47,6
Hydrogène	31,3	30	23,5	21,3	31,0	10	15	16	15,5	18,5	10	15	12,4	13	12,8	11	11
Oxygène	31,2	31	26,3	28,3	27,4	19	40	28	28,4	32,5	32	33,6	39	35	34,5	39	42
Charbon volatil sur 100 de carbone total	4,3 %	7,4 %	9 %	10 %	6 %	9 %	16 %	19 %	18 %	14,4 %	37 %	20 %	25 %	24 %	25 %	26 %	27 %
Hydrocarbures volatils	13	16,5	20	18	19	22,3	28,6	24,9		21,2	38,4	31,6	32,7	33,2	36,4	38	38
Coke brut de 100 de la houille	87	83,5	80	82,1	81,16	77,4	71,4	75,20		78,4	61,6	68,4	67,3	66,8	63,6	62	62
Coke, cendres déduites	83	81,3	79	79	78	71,7	65	62		58	51,6	58	54,3	53	53	49	49
Rapport du coke pur aux carbures volatils	6,4	5	4	4	4,15	3,2	2,2	2,5		2,7	1,85	1,82	1,6	1,6	1,40	1,30	1,30
Pouvoir calorifique — De 1ᵏ de houille pure cendres déduites	9150 cal.	9463	9628	8780	8050	9257	9085	9081	9117	9110	8345	8151	8724	8633	8463	8457	8215
De 1ᵏ de houille brute séchée	9265 cal.	9084	9432			8724	8471	7825	7775	7217	7420	7074	7688	7400	7084	7582	7630
Calculé en admettant que l'oxygène est uni au carbone et forme CO oxyde de carbone	8581 cal.	8732	8008			8273	8300	8103	8572	8340	7744	7654	7972	7843	7706	7105	7007

TABLEAU 7.

RÉSULTAT DE L'ESSAI PRATIQUE

De quelques Charbons de terre français le plus en usage et de quelques Charbons extra-européens

(Voir page 55 les explications se rapportant aux différentes colonnes)

NOMS ET PROVENANCE des Charbons (1)	POIDS à l'encombrement de 1 m. cube — En roche criblé (2)	Tout venant (3)	COHÉSION (4)	QUANTITÉ d'eau vaporisée par kilogramme de charbon — Charbon en roche et criblé (5)	Charbon tout venant (6)	Charbon tout en poussière (7)	Puissance calorifique rapportée en temps et comparée au Cardiff (8)	Charbon brûlé par heure et par mètre carré de grille à feu poussé (en roche et criblé) (9)	CENDRES, escarbilles et scories pour o/o en poids — Charbon en roche (10)	Charbon menu (11)
	Litr.	kilogr.		Litr.	Litr.	Litr.		Kilogr.		
CHARBONS ANGLAIS. TYPES & COMPARAISON.										
CARDIFF	763	808	0.43	8.30	7.30	6.97	1 »	115	6 »	17
NEWCASTLE	800	810	0.37	7	»	6.31	» 1.03	132	7.49	9
CHARBONS FRANÇAIS. Bassin de la Loire (Quartier Gaillard).										
PUITS DE LA LOIRE	770	840	0.36	7.70	4.50	»	0.40	110	52 »	14
PUITS GALLOIS	733	860	0.38	»	7.33	»	0.92	»	»	12
Roche-la-Molière. PUITS SAINTE-MARIE. (Couche de Sagnat.)	780	829	0.23	»	7.90	»	0.91	110	»	8

NOMS	STRUCTURE et ASPECT (12)	1 Allumage. 2 Flamme. 3 Fumée. 4 Encrassement des tubes. 5 Tirage. (13)	1 Hauteur de la couche. 2 Effets sur la grille. 3 Travail de chauffage. (14)	EMPLOI — OBSERVATIONS (15)
CARDIFF	Grains noirs très-brillants.	1 Lent, remuer peu. 2 Très-blanche et courte. 3 Fort peu apparente. 4 Nul. 5 Un peu fort.	1 10 centimètres. 2 Moyennement ardent, fort peu de cendres et de scories. 3 Remuer fort peu souvent.	Charbon type pour la navigation.
NEWCASTLE	Lamelleux, brillant, noir.	1 Très-facile. 2 Longue et vive. 3 Noire, peu épaisse. 4 Peu. 5 Modéré.	1 14 centimètres. 2 Ardent, cendres blanches, un peu de scories. 3 Passer la costle peu souvent.	Excellent pour la navigation et pour la forge.
PUITS DE LA LOIRE	Aspect d'un mélange de bouilles différentes.	1 Difficile, se coagule. 2 Courte et colorée. 3 Noire et abondante d'abord, presque nulle après. 4 Peu, suie grise. 5 Très-fort.	1 11 à 12 centimètres. 2 Lent, pétille peu, crasse beaucoup, ne détériore pas. 3 Remuer souvent avec la lance.	Très-médiocre pour la navigation; mauvais pour fours à recuire, cubilots et forges.
PUITS GALLOIS	Peu homogène, structure plateuse domine.	1 Difficile, se coagule; passer souvent la lance. 2 Courte à l'allumage, plus longue après. 3 Épaisse et grisâtre d'abord, presque nulle après. 4 Fort, suie mêlée de cendres grises. 5 Très-fort.	1 12 à 14 centimètres. 2 Lent, gonfle et pétille, beaucoup de crasse collante sans détérioration. 3 Remuer souvent avec la lance.	Idem.
PUITS SAINTE-MARIE	Plans très-rapprochés perpendiculaires à des couches peu épaisses; très friable.	1 difficile, se coagule. 2 Très-courte, colorée surmontée d'une fumée grise. 3 Peu épaisse, d'un gris brun, devient imperceptible. 4 Peu, cendre grise mêlée de suie. 5 Fort.	1 10 centimètres. 2 Lent, gonfle et pétille beaucoup; crasse lourde et peu abondante; s'attache et détériore. 3 Passer souvent la lance et le crochet.	Très-médiocre pour la navigation, bon pour fonderie, mauvais pour fours à réverbères.

SUITE DU TABLEAU 7

NOMS ET PROVENANCE des Charbons.	POIDS à l'encombrement de 1 m. cube. En roche criblé. (Litr.)	Tout venant. (Kilogr.)	COHÉSION.	QUANTITÉ d'eau vaporisée par kilogramme de charbon. Charbon en roche et criblé. (Litr.)	Charbon tout venant. (Litr.)	Charbon tout en poussière. (Litr.)	Puissance calorifique rapportée au temps et comparée au Cardiff.	Charbon brûlé par heure et par mètre carré de grille à feu poussé (en roche et criblé). (Kilogr.)	CENDRES, escarbilles et scories pour 0|0 en poids. Charbon en roche.	Charbon menu.	STRUCTURE et ASPECT.	1 Allumage. 2 Flamme. 3 Fumée. 4 Encrassement des tubes. 5 Tirage.	1 Hauteur de la couche. 2 Effets sur la grille. 3 Travail de chauffage.	EMPLOI. — OBSERVATIONS.
1	2	3	4	5	6	7	8	9	10	11	12	13	14	15
Roche-la-Mollière. PUITS SAINTE-MARIE & DERHINS. (Couche de la Grille et de Sagnat.)	783	853	0.23	»	7.82	»	0.85	109	»	10	Plans très-rapprochés perpendiculaires à des couches peu épaisses; très-friable.	1 Difficile, se coagule. 2 Très-courte, colorée, surmontée d'une fumée grise. 3 Peu épaisse, d'un gris brun, devient imperceptible. 4 Peu; cendre grise mêlée de suie. 5 Fort.	1 12 centimètres. 2 Lent, gonfle et délite beaucoup; s'attache et détériore. 3 Passer souvent la lance et le crochet.	Très-médiocre pour la navigation.
Roche-la-Mollière. PUITS MONTERRAT.	765	825	0.02	»	7.05	»	0.97	134	»	8	Compacte, séparation des couches peu marquée, dissociable.	1 Facile. 2 Vive, longue et bien colorée, terminée par une fumée noire au début. 3 Gris noir, très-épaisse, disparue quelques minutes après la charge. 4 Beaucoup de suie très-épaisse. 5 Pas très-fort.	1 10 à 12 centimètres. 2 Moyennement ardent, se coagule, gonfle peu, pétille beaucoup, crasse peu, colle un peu sans détériorer. 3 Passer la lance et souvent le crochet.	Excellent pour la navigation, bon pour fonderies, fours à réverbère.
Bassin de la Loire (Saint-Étienne.) PUITS DE L'ESPARRE & DE SAINT-CLAUDE.	807	990	0.38	»	7.13	»	0.42	105	»	15	Deux aspects différents : 1° compacte, cassure d'un noir brillant, d'apparence écailleuse; 2° moins compacte, sale et tache les doigts.	1 Assez facile, remuer souvent. 2 Très-colorée, entremêlée de fumée noire, très-courte quand le fourneau est un peu crassé. 3 Noire et épaisse d'abord, grise ensuite et épaisse, imperceptible 3 minutes après la charge. 4 Beaucoup, suie mêlée de cendres. 5 Très-fort.	1 12 centimètres. 2 Lent, se coagule beaucoup, se gonfle, pétille peu, charge les grilles, crasse beaucoup, colle peu, ne détériore pas. 3 Passer souvent la lance et le crochet.	Très-médiocre pour la navigation, bon pour fonderies et fours à réverbère.
PUITS MERLE.	808	400	0.42	»	7.15	»	0.82	105	»	15	Couches minces et parfaitement collées, très-homogène et très-propre.	1 Très-difficile, se coagule très-rapidement, donne peu de flamme. 2 Bien colorée, de moyenne longueur avec les fourneaux propres, très-courte quand la crasse commence. 3 Noire et épaisse, devient en suie grise. 4 Beaucoup de suie mêlée de cendres grises. 5 Très-fort.	1 15 à 18 centimètres. 2 Lent, se coagule et gonfle beaucoup, pétille très-peu, crasse beaucoup, ne détériore pas. 3 Passer très-souvent la lance et le crochet.	Mauvais pour la navigation, pour fonderies et pour forges.

Caractéristiques physiques et chimiques (colonnes 1 à 11) :

NOMS ET PROVENANCE des Charbons. (1)	POIDS de 1 m. cube, à l'encombrement — En roche criblé	POIDS — Tout venant (2)	COHÉSION (4)	QUANTITÉ d'eau vaporisée par kilogramme de charbon — Charbon en roche criblé (3)	QUANTITÉ — Charbon tout venant (6)	QUANTITÉ — Charbon tout en poussière (7)	Puissance calorifique rapportée au temps et comparée au Cardiff (8)	Charbon brûlé par heure et par mètre carré de grille à feu poussé (en roche et criblé) (9)	CENDRES, escarbilles et scories pour 0/0 en poids — Charbon en roche (10)	CENDRES — Charbon menu (11)
	kil.	kilogr.		litr.	litr.	litr.			kilogr.	
PUITS DE LA POMPE	770	863	» 0.33	»	6.82	7.50	0.80	412	»	14
bassin de Saône-et-Loire, Blanzy. PUITS SAINT-FRANÇOIS & CINQ-SOUS	765	830	» 0.43	6.00	6.23	»	1	139	10	»
PUITS SAINT-FRANÇOIS & SAINTE-MARIE	770	804	» 0.50	»	6.25	»	0.98	146	»	10
Bassin de l'Allier. FERRIÈRE & BÉZENET (Mélangés.)	772,5	873	» 0.58	»	6.40	»	0.95	146	»	13
Bassin du Puy-de-Dôme. Brassac. PUITS D'ORLÉANS (Couche de la Verrerie.)	810	830	» 0.47	»	7.20	6	0.97	126	16	10

Structure, marche et emploi (colonnes 12 à 15) :

NOMS ET PROVENANCE des Charbons. (1)	STRUCTURE et ASPECT. (12)	1 Allumage. 2 Flamme. 3 Fumée. 4 Encrassement des tubes. 5 Tirage. (13)	1 Hauteur de la couche. 2 Effets sur la grille. 3 Travail de chauffage. (14)	EMPLOI. — OBSERVATIONS. (15)
PUITS DE LA POMPE	Stratification peu apparente, cassante d'un noir brillant.	1 Très-difficile, se coagule immédiatement. 2 Assez longue, bien colorée, entremêlée de fumée d'un gris noir. 3 Gris noir et épaisse au début, diminue et devient nulle. 4 Peu de suie mêlée de cendres brunes. 5 Très-fort.	1 14 à 16 centimètres. 2 Lent, se coagule et se gonfle beaucoup, pétille peu, crasse beaucoup et détériore. 3 Passer très-souvent la lance et le crochet.	Impropre pour la navigation, bon pour fonderies, mauvais pour forges.
PUITS SAINT-FRANÇOIS & CINQ-SOUS	Stratification assez nette, plateuse et à couches épaisses d'un noir brillant.	1 Facile. 2 Longue, vive et bien colorée. 3 D'un gris noir, assez épaisse, devient grise et disparaît après 7 minutes. 4 Suie mêlée de cendres blanches légères. 5 Pas trop fort.	1 10 centimètres. 2 Ardent, ne se coagule pas, gonfle peu, pétille beaucoup, donne assez de crasse qui ne colle ni ne détériore. 3 Passer souvent le crochet.	Bon pour la navigation, mais avec une forte dépense, bon pour fours à réverbère.
PUITS SAINT-FRANÇOIS & SAINTE-MARIE	Idem.	1 Facile. 2 Longue, vive et bien colorée. 3 Noire et épaisse au début, disparaît assez vite. 4 Peu. 5 Assez fort.	1 10 centimètres. 2 Ardent, ne se coagule pas, gonfle un peu, pétille assez, donne assez de crasse qui ne colle ni ne détériore. 3 Passer souvent le crochet.	Idem.
FERRIÈRE & BÉZENET (Mélangés.)	Assez homogène, apparence sale et terreuse, surtout les surfaces exposées à l'air depuis longtemps, excessivement pyriteux.	1 Facile. 2 Longue et assez colorée, beaucoup de vivacité. 3 Brune et assez épaisse, devient ensuite d'un gris blanc et disparaît au bout de 7 minutes. 4 Beaucoup de suie mêlée de cendres bien blanches. 5 Pas trop fort.	1 10 centimètres. 2 Ardent, ne se coagule pas, gonfle très-peu, pétille beaucoup, assez de crasse qui ne colle ni ne détériore. 3 Passer le crochet souvent.	Mauvais pour la navigation, il est dangereux au point de vue des combustions spontanées.
PUITS D'ORLÉANS (Couche de la Verrerie.)	Nette, plans de séparation des couches d'un noir terne, les autres d'un noir brillant.	1 Assez facile. 2 Longue, vive, douée d'un bel éclat. 3 Peu, devient imperceptible après très-peu de temps. 4 Beaucoup de suie mêlée de cendres blanches. 5 Pas trop fort.	1 8 centimètres. 2 Moyennement ardent, se gonfle et pétille légèrement, beaucoup de crasse qui ne colle ni ne détériore. 3 Passer souvent le crochet.	Médiocre pour la navigation, mauvais pour fonderies et fours à réverbère.

SUITE DU TABLEAU 7

NOMS ET PROVENANCE des Charbons	POIDS à l'encombrement de 1 m. cube — En roche criblé	Tout venant	COHÉSION	QUANTITÉ d'eau vaporisée par kilogramme de charbon — Charbon en roche et criblé	Charbon tout venant	Charbon tout en poussière	Puissance calorifique rapportée au temps et comparée au Cardiff	Charbon brûlé par heure et par mètre carré de grille à feu poussé (en roche et criblé)	CENDRES escarbilles et scories pour 0/0 en poids — Charbon en roche	Charbon menu	STRUCTURE et aspect	1 Allumage. 2 Flamme. 3 Fumée. 4 Encrassement des tubes. 5 Tirage.	1 Hauteur de la couche. 2 Effets sur la grille. 3 Travail de chauffage.	EMPLOI. OBSERVATIONS.
1	2	3	4	5	6	7	8	9	10	11	12	13	14	15
Bassin du Nord. Anzin. PUITS SAINT-LOUIS	743	850	0.36	»	8.00	»	1.05	115	5	15	Très-homogène, plans de clivage très-rapprochés, aspect du Cardiff.	1 Difficile. 2 Longue et assez colorée, tire comme celle du Cardiff. 3 Brune, devient blanche ensuite et disparaît après 2 minutes. 4 Un peu de suie mêlée de cendres blanches. 5 Fort.	1 10 centimètres. 2 Lent, gonfle comme le Cardiff, crasse assez sans coller ni détériorer. 3 Passer de temps en temps le crochet.	Excellent pour la navigation quand il est en roches; médiocre pour forges.
PUITS THIERS	732	853	0.32	»	8.73	»	1.10	119	6	15	Très-homogène, plans de clivage très-rapprochés, ressemble au Cardiff.	1 Difficile. 2 Vive et assez longue. 3 Blanche. 4 Très-peu, cendres grises, peu de suie. 5 Fort.	1 8 à 9 centimètres. 2 Lent, gonfle assez, pétille beaucoup donne un peu de crasse qui colle sans détériorer. 3 Très-peu.	Excellent pour la navigation quand il en roches. Assez bon pour les forges.
BRUAY	733	818	0.47	»	7.20	»	1.10	160	»	»	Compacte, cassure noire et peu luisante, lamelles de gypse blanc pyriteux.	1 Très-facile. 2 Longue, bien colorée, entourée de fumée noire. 3 Abondante, noire, devient ensuite brune et disparaît. 4 Beaucoup, suie très-légère. 5 Très-peu.	1 8 à 9 centimètres. 2 Ardent, gonfle assez, peu de crasse qui colle sans détériorer. 3 Presque pas.	Bon pour la navigation et pour forges; mauvais pour fonderies.
FIENNES & HADINGHEN	737	828	0.57	»	7.00	»	1.10	137	4	5	Compacte et plateuse, couches et clivage fortement collés, se détériore à l'air.	1 Très-facile. 2 Longue, vive, entremêlée de fumée gris-brun. 3 Grise et épaisse au début, devient imperceptible. 4 Beaucoup, suie mêlée de cendres grises. 5 Peu.	1 9 à 10 centimètres. 2 Très-ardent, gonfle un peu, pétille bien, laisse peu de crasse qui colle sans détériorer. 3 Passer souvent le crochet.	Très-médiocre pour la navigation; il se détériore au contact de l'air.
NŒUX	754	825	0.47	8.48	8.30	8.00	0.90	113	8	9	Grande analogie avec le Cardiff et l'Anzin.	1 Un peu difficile. 2 Longue et un peu jaune au début, devient blanche. 3 Noire et épaisse, disparaît après 4 minutes. 4 Peu. 5 Fort.	1 10 à 12 centimètres. 2 Lent, se coagule, se gonfle et pétille, crasse dure à décoller, ne détériore pas. 3 Peu pour la chauffe en roches.	Excellent pour la navigation.
CARVIN	728	802	0.45	8.32	8.16	6.75	0.85	112	6	14	Grande analogie avec le Cardiff et l'Anzin.	1 Long. 2 Courte, peu colorée au début, devient blanche. 3 Grise au moment de la charge, disparaît aussitôt. 4 Peu. 5 Fort.	1 10 centimètres. 2 Lent, gonfle peu, pétille bien, peu de crasse qui ne détériore pas. 3 Presque pas.	Bon en roches, mauvais en poussière.

NOMS et provenance des Charbons	POIDS à l'encombrement de 1 m. cube — En roche criblé	— Tout venant	COHÉSION	QUANTITÉ d'eau vaporisée par kilogramme de charbon — Charbon en roche et criblé	— Charbon tout venant	— Charbon tout en poussière	Puissance calorifique rapportée au temps et comparée au Cardiff	Charbon brûlé par heure et par mètre carré de grille à feu poussé (ou roche et criblé)	CENDRES, escarbilles et scories pour 0/0 en poids — Charbon en roche	— Charbon menu
1	2	3	4	5	6	7	8	9	10	11
	Kil.	Kilogr.		Litr.	Litr.	Litr.		Kilogr.		
Bassin du Midi. ROCHER-BLEU (En roches.)	625	»	0.63	3.48	»	»	0.65	»	6.00	»
MÉLANGES CARDIFF & NEWCASTLE	841	»	0.37	7.47	»	»	0.90	110	6.30	»
BRUAY & ANZIN Puits Thiers	809	»	»	8.12	»	»	0.95	111	4.57	»
ANZIN & BRASSAC Puits Saint-Louis	821	»	0.30	8.27	»	»	0.50	113	10.72	»
ANZIN (St-Louis) et ROCHE-LA-MOLIÈRE. Puits Montferrat	825	»	1.01	7.04	»	»	0.95	113	11.92	»
ANZIN & FIENNES	815	»	»	7.60	»	»	0.94	114	7.66	»
ANZIN (Saint-Louis), BLANZY (Sainte-Marie).	817	»	»	7.38	»	»	0.89	129	10.22	»

NOMS et provenance des Charbons	STRUCTURE et ASPECT	1 Allumage. 2 Flamme. 3 Fumée. 4 Encrassement des tubes. 5 Tirage.	1 Hauteur de la couche. 2 Effets sur la grille. 3 Travail de chauffage.	EMPLOI. — OBSERVATIONS.
	12	13	14	15
Bassin du Midi. ROCHER-BLEU (En roches.)	Lignite à contexture pâteuse et d'aspect piciforme.	1 Excessivement facile. 2 Peu vive.		
MÉLANGES CARDIFF & NEWCASTLE		1 Facile. 2 Longue, blanche et vive. 3 Grise et peu abondante. 4 Peu. 5 Assez fort.	1 12 centimètres. 2 Assez ardent, très-peu de scories qui ne s'attachent pas. 3 Laisser au repos longtemps, passer le crochet à plat.	Excellent combustible pour la navigation à tous les points de vue.
BRUAY & ANZIN Puits Thiers		1 Assez facile. 2 Très-vive. 3 Grise, peu abondante. 4 Peu. 5 Faible.	1 12 centimètres. 2 Bien ardent, peu de scories. 3 Très-peu et avec le crochet.	Supérieur au mélange de Cardiff et Newcastle.
ANZIN & BRASSAC Puits Saint-Louis		1 Facile. 2 Assez longue. 3 Très-peu colorée. 4 Peu. 5 Assez fort.	1 10 centimètres. 2 Ardent. 3 Passer la lance avant une nouvelle charge.	Bon pour les chaudières à vapeur.
ANZIN (St-Louis) et ROCHE-LA-MOLIÈRE. Puits Montferrat		1 Assez dur. 2 Un peu courte. 3 Noire, devient grise. 4 Sale et cendres. 5 Fort.	1 8 à 10 centimètres. 2 Peu ardent. 3 Remuer fréquemment avec le ringard.	Médiocre pour la navigation.
ANZIN & FIENNES		1 Facile. 2 Longue. 3 Noire. 4 Un peu. 5 Faible.	1 11 centimètres. 2 Moyennement ardent, tombe de la grille non brûlé. 3 Remuer assez souvent avec le crochet à plat.	Médiocre à tous les emplois.
ANZIN (Saint-Louis), BLANZY (Sainte-Marie).		1 Facile. 2 Longue. 3 Noire au début, peu colorée après la charge. 4 Suie très-fine. 5 Faible.	1 12 centimètres. 2 Assez ardent, encrasse peu et sans adhérence. 3 Laisser brûler au repos.	Très-bon pour les chaudières marines.

Colonnes 1 à 11 (page 56) :

NOMS ET PROVENANCE des Charbons.	POIDS à l'encombrement de 1 m. cube. En roche criblé.	Tout venant.	COHÉSION.	QUANTITÉ d'eau vaporisée par kilogramme de charbon. Charbon en roche et criblé.	Charbon tout venant.	Charbon tout en poussière.	Puissance calorifique rapportée au temps et comparée au Cardiff.	Charbon brûlé par heure et par mètre carré de grille à feu poussé (en roche et criblé).	CENDRES, escarbilles et scories pour 0/0 en poids. Charbon en roche.	Charbon menu.
1	2	3	4	5	6	7	8	9	10	11
	Litr.	Kilogr.		Litr.	Litr.	Litr.		Kilogr.		
BRUAY & CARVIN	816	»	0.44	7.73	»	»	0.93	113	8.22	»
CHARBONS EXTRA-EUROPÉENS										
SYDNEY (Terre-Neuve)	740	790	0.60	6.30	»	»	4.066	158	40	»
LOTA (Chili)	»	790	»	»	»	»	»	»	6	»
NEWCASTLE (d'Australie)	»	»	»	»	»	»	»	»	»	»
TAKASIMA (Japon) (Près de Nangasaki.)	»	»	»	»	»	»	»	»	»	»
KARATZU (Japon) (Près de Nangasaki.)	»	»	»	»	»	»	»	»	»	»

Colonnes 12 à 15 (page 57) :

NOMS	STRUCTURE et ASPECT.	1 Allumage. 2 Flamme. 3 Fumée. 4 Encrassement des tubes. 5 Tirage.	1 Hauteur de la couche. 2 Effets sur la grille. 3 Travail de chauffage.	EMPLOI. — OBSERVATIONS.
1	12	13	14	15
BRUAY & CARVIN		1 Assez facile. 2 Longue, un peu jaune. 3 Grise et épaisse pendant assez longtemps. 4 Feu. 5 Feu énergique.	1 12 à 15 centimètres. 2 Peu ardent, se coagule et on ne passe pas fréquemment le ringard.	Assez bon pour les chaudières à vapeur.
SYDNEY (Terre-Neuve)	Nette et régulière, d'un aspect très-sale, chargé de schistes pyriteux très-sulfureux.	1 Facile. 2 Longue et colorée. 3 Noire et épaisse au moment de la charge, devient peu perceptible après. 4 Beaucoup, suie noire et très-légère. 5 Pas trop fort.	3 Peu fatigant, mais fréquent. 1 10 à 12 centimètres. 2 Se coagule fort peu, pétille beaucoup, crasse, colle aux grilles et les détériore fortement. 3 Passer très-souvent le ringard et le crochet.	Très-médiocre pour la navigation; dangereux au point de vue de la combustion spontanée.
LOTA (Chili)	Noirâtre et brillant à la cassure fraîche, prend un aspect terreux exposé à l'air.	1 Très facile. 2 Longue et claire. 3 Grise et abondante. 4 Assez abondante. 5 Assez fort.	1 10 à 12 centimètres. 2 Se coagule, peu de scories qui ne détériorent pas. 3 Ne le remuer que très-légèrement et peu souvent.	Bon pour la navigation. (Rapport de l'Yser, 1873.)
NEWCASTLE (d'Australie)	Structure à lamelles comme le Newcastle aspect sale avec tache jaunâtre.	1 Très-facile. 2 Moyenne, très-vive. 3 Abondante, très-noire. 4 Assez abondante, suie et cendres noires légères. 5 Assez fort.	1 8 à 10 centimètres. 2 Se coagule, pétille beaucoup et brûle très-rapidement; crasse mince et très-adhérente. 3 Travail continu avec le ringard et le crochet.	Médiocre pour la navigation (Rapport de la Garonne, 1873.)
TAKASIMA (Japon)	Lamelleux et brillant noir comme le Newcastle.	1 Très-facile. 2 Longue, brillante et vive. 3 Noire au début, devient grise foncée et très-abondante. 4 Peu abondante, suie et cendres blanches. 5 Ordinaire.	1 11 centimètres. 2 Se coagule peu, pétille peu, scories non adhérentes, escarbilles peu abondantes et grises. 3 Ne pas la remuer avec le ringard.	Excellent pour la navigation. (Rapport de la Belliqueuse, 1873.)
KARATZU (Japon)	Même que le Takasima duquel on ne se distingue qu'à l'emploi.	1 Facile. 2 Courte. 3 Noire et intense. 4 Abondante. 5 Très-vif.	1 9 à 10 centimètres. 2 Crasse beaucoup, scories dures et adhérentes, escarbilles terreuses. 3 Très-souvent décrasser et passer la lance.	Mauvais pour la navigation. (Rapport de la Belliqueuse, 1873.)

SUITE DU TABLEAU 7

(1) NOMS ET PROVENANCE des Charbons	POIDS du 1 m. cube à l'encombrement — En roche criblé (3)	POIDS — Tout venant (2)	COHÉSION (4)	QUANTITÉ d'eau vaporisée par kilogramme de charbon — Charbon en roche criblé (5)	QUANTITÉ d'eau — Charbon tout venant (6)	QUANTITÉ d'eau — Charbon tout en poussière (7)	Puissance calorifique rapportée au temps et comparée au Cardiff (8)	Charbon brûlé par heure et par mètre carré de grille à feu poussé (en roche et criblé) (9)	CENDRES, escarbilles et scories pour 0/0 en poids — Charbon en roche (10)	CENDRES — Charbon usuel (11)
	Litr.	Kilogr.		Litr.	Litr.	Litr.		Kilogr.		
AGGLOMÉRÉS, dits Briquettes. SAINT-ÉTIENNE. Diamètre : 0,175. Longueur : 0,34. — Poids : 9k,33.	711	»	0.24	8.15	»	»	0.99	111	6.08	»
LA GRAND'COMBE	»	»	0.36	8.70	»	»	1.04	»	8.95	»
GRAISSESSAC	»	»	0.29	8.68	»	»	1.04	»	9.29	»
PORTES & SÉNÉCHAS	680	»	0.47	8.67	»	»	1.04	»	9.47	»
ANZIN. Poids moyen : 5k,03. Long. : de 0,31 à 0,35 ; diamètre : 0,13.	696,8	»	0.53	8.43	»	»	1.01	102	6.40	»
ANZIN. (briquettes rectangulaires.) Longueur : 0,33 ; largeur : 0,20 ; Épaisseur : 0,10, poids : 8k,20.	710	»	0.46	8.35	»	»	1.01	121	6.33	»

(1) NOMS des Charbons	STRUCTURE et ASPECT (12)	1 Allumage, 2 Flamme, 3 Fumée, 4 Encrassement des tubes, 5 Tirage (13)	1 Hauteur de la couche, 2 Effets sur la grille, 3 Travail du chauffage (14)	EMPLOI — OBSERVATIONS (15)
SAINT-ÉTIENNE	Molle et pâteuse plutôt que friable.	1 Facile. 2 Longue et colorée au moment de l'allumage, cesse peu de temps après. 3 Noire et épaisse au moment de la charge, devient gris blanc. 4 Assez fine, mélangée de cendres. 5 Ordinaire.	1 10 à 12 centimètres, feu poussé, 5 à 6 centimètres, feu modéré. 2 Moyennement ardent, se coagule un peu si grille serrée bien, obstrue un peu la grille par les cendres. 3 Passer souvent le crochet et peu le ringard.	Forte odeur de résine et de goudron ; bon pour la navigation.
LA GRAND'COMBE	Très-molle.	1 Difficile. 2 Courte. 3 Abondante et colorée. 4 Beaucoup.	1 10 à 12 centimètres. 2 Lent et peu ardent. 3 Encrassement, très-adhérent, décrasser souvent.	Très-médiocre pour les chaudières marines.
GRAISSESSAC	[illegible]	1 Assez facile. 2 Vive et longue. 3 Très-foncée, pas trop abondante. 4 Beaucoup de suie. 5 Un peu vif.	1 8 à 10 centimètres. 2 Bien ardent, un peu de scories non adhérentes. 3 Passer souvent la lame.	Forte odeur de bitume ; assez bon pour les chaudières.
PORTES & SÉNÉCHAS	Bien homogènes et résistantes.	1 Assez facile. 2 Blanche, courte. 3 Grise, un peu épaisse. 4 Suie très-fine. 5 Ordinaire.	1 10 centimètres. 2 Peu ardent, brûle lentement. 3 Remuer peu, chauffage très-facile.	Très-bon pour les chaudières à vapeur.
ANZIN	Assez dure et sèche, gros grains uniformes.	1 Facile. 2 Longue, bien colorée, peu vive quand on ne remue pas fréquemment. 3 Gris noir, assez épaisse au début, devient blanche et imperceptible. 4 Peu. 5 Faible.	1 12 centimètres. 2 Moyennement ardent, se coagule très-peu, ne crasse pas, pellicule au début. 3 Remuer souvent pour donner de l'ardeur.	Excellent pour la navigation.
ANZIN (briquettes)	Assez résistante au maniement.	1 Un peu long. 2 Longue et bien vive, devient jaune. 3 Gris brun, dure peu de temps. 4 Peu. 5 Assez fort.	1 8 à 10 centimètres. 2 Ardent, très-peu de crasse, prend très-facilement la vapeur. 3 Très-peu, laisser au repos longtemps après la charge.	Un des meilleurs pour la navigation et les chaudières à terre.

TABLEAU 8.   RÉSULTATS COMPARATIFS D'APRÈS LES ESSAIS DANS UNE CHAUDIÈRE D'EXPÉRIENCE.

NOMS DES CHARBONS, MÉLANGES OU AGGLOMÉRÉS.	FEU POUSSÉ — Puissance calorifique, rapportée au temps — Numéros de classement.	FEU POUSSÉ — Puissance calorifique, rapportée au temps — L'unité de comparaison étant 100.	FEU POUSSÉ — Puissance calorifique, absolue — Numéros de classement.	FEU POUSSÉ — Puissance calorifique, absolue — L'unité de comparaison étant 100.	FEU POUSSÉ — Consommation — Numéros de classement.	FEU POUSSÉ — Consommation — L'unité de comparaison étant 100.	FEU RETENU — Puissance calorifique, rapportée au temps — Numéros de classement.	FEU RETENU — Puissance calorifique, rapportée au temps — L'unité de comparaison étant 100.	FEU RETENU — Puissance calorifique, absolue — Numéros de classement.	FEU RETENU — Puissance calorifique, absolue — L'unité de comparaison étant 100.	FEU RETENU — Consommation — Numéros de classement.	FEU RETENU — Consommation — L'unité de comparaison étant 100.	COHÉSION — Numéros de classement.	COHÉSION — Déduite de l'essai.	DENSITÉS — Numéros de classement.	DENSITÉS — De masse.	DENSITÉS — Pures.	RÉSIDUS — Numéros de classement.	RÉSIDUS — Dans la chaudière d'essai.	RÉSIDUS — Dans l'incinération.
Anzin	1	115	3	91	6	124	1	100	1	102	6	103	2	55	4	120	»	1	6k07	6,23
Méons	2	112	1	92	5	121	4	93	2	96	4	99	»	»	1	112	»	4	6,98	6,23
Lalle	3	104	2	92	1	109	4	95	3	94	4	99	11	32	2	113	»	2	6,74	»
Portes et Sénéchas	4	103	3	91	4	116	3	96	4	92	4	99	3	50	6	122	»	8	10,38	9,87
Graissessac, petit modèle	4	103	4	90	3	114	5	93	3	94	2	97	10	34	3	117	117	7	9,89	10,48
Trélys et Graissessac	5	102	5	87	4	116	6	87	7	87	3	98	»	»	»	»	»	9	10,41	»
Grand'Combe	6	101	4	90	1	109	3	96	3	94	5	101	9	39	5	121	»	5	9,01	8,67
Graissessac, grand modèle	7	100	4	90	2	110	3	96	5	91	8	107	9	39	7	125	122	10	10,68	10,48
Rocher-Bleu	8	98	6	57	7	180	2	97	9	67	10	150	1	67	8	127	129	3	6,78	»
Grand'Combe, Portes et Sénéchas	»	»	»	»	»	»	3	96	5	91	7	104	7	31	»	»	»	6	9,86	»
Id. id. et Garella	»	»	»	»	»	»	»	»	»	»	»	»	4	49	»	»	»	»	»	»
Trélys	»	»	»	»	»	»	7	83	7	87	4	99	3	50	9	135	131	12	10,94	»
Garella mélangés	»	»	»	»	»	»	7	83	5	91	1	96	»	»	10	142	122	13	14,24	»
Grand'Combe, Trélys et Graissessac	»	»	»	»	»	»	5	93	6	89	7	104	8	41	»	»	»	11	10,70	»
Grand'Combe, Trélys et Rocher-Bleu	»	»	»	»	»	»	4	95	8	86	9	109	5	45	»	»	»	13	14 24	»
Loire, Méons agglomérés	»	»	»	»	»	»	»	»	»	»	»	»	6	44	»	»	»	»	»	»

La plupart des nombres des tableaux 7, 8, 9 et quelques-unes des indications qu'ils contiennent, sont extraits des travaux qui ont été faits par MM. Gervaize et Delautel, ingénieurs de la marine, sur les charbons français ou anglais. Nous avons rectifié, d'après les plus récentes expériences, les particularités signalées par ces auteurs, notamment d'après les résuitats constatés au port de Toulon.

TABLEAU 9.

RÉSULTATS AVEC LES CHARBONS ANGLAIS DANS UNE CHAUDIÈRE D'EXPÉRIENCE

(Voir page 532 les explications se rapportant aux différentes colonnes.)

NOMS des CHARBONS.	TERRAINS HOUILLERS	PORTS D'EMBARQUEMENT.	Poids à l'encombrement de 1 mètre cube.	COHÉSION.	Quantité d'eau vaporisée par kilogramme de charbon.	Puissance calorifique rapportée au temps et comparée au Cardiff.	Charbon brûlé par heure et par mètre carré de grille.	Cendres, escarbilles, scories pour 0/0 en poids.	STRUCTURE et ASPECT.	1. ALLUMAGE. 2. FLAMME. 3. FUMÉS. 4. ENCRASSEMENT DES TUBES.	1. EFFETS SUR LA GRILLE. 2. TRAVAIL DE CHAUFFE.
1	2	3	4	5	6	7	8	9	10	11	12
			kil.		lit.						
Thomas's Merthyr Type Cardiff.	Pays de Galles	Cardiff	818	0.16	8.37	1 »	50.00	0.035	Cassure cubique assez brillante; en plusieurs points apparence radiée particulière.	1 Un peu long. 2 Vive et claire. 3 Noire et grisâtre. 4 Peu.	1 Brûle très-bien. 2 Peu actif.
Ebw vale	Idem	Newport	853	0.30	8.61	0.77	45.00	7.492	Cassure cubique très-brillante, tendre et friable. Peu de pyrites de fer.	1 Facile. 2 Vive et claire. 3 Noire et grisâtre. 4 Excessivement.	1 S'agglutine légèrement, cendres rougeâtres. 2 Rengorger fréquemment.
Duffryn	Idem	Cardiff	834	0.45	8.35	0.665	40.00	7.54	Un peu tendre, se casse facilement en morceaux menus, brillant, beaucoup de matières blanches, cubiques, fibreuse, couche de substance brunâtre.	1 Très-facile. 2 Remarquablement claire. 3 Très-peu. 4 Fort peu.	1 Couvre bien les grilles sans s'agglutiner. 2 Peu.
Nixon's Merthyr	Idem	Neath et Cardiff	828	0.516	8.40	1.005	50.00	11.306	Cassure cubique brillante, moins de parties radiées que les autres variétés du pays de Galles.	1 Assez facile. 2 Facile. 3 Très-peu. 4 Excessivement peu.	1 Sujette à s'émietter sur la grille. Peu tirage. 2 Ordinaire.
Binea-Lougher Flory-Vein	Idem	Lianelly	914	0.109	8.39	0.795	47.00	5.23	Brillante, surfaces irrégulières et d'autres fibreuses, pellicules de matières schisteuses, très-peu de pyrites de fer.	1 Facile. 2 Claire. 3 Très-peu. 4 Légèrement.	1 Escarbilles rougeâtres. 2 Peu.
Anthracite de Sliovardagh	Irlande	Carrick on suiv (Typperary)	1006	0.30	8.31	0.816	48.00	7.201	Tous les caractères de l'anthracite.	1 Difficile. 2 Claire. 3 Nulle. 4 Excessivement peu.	1 Escarbilles rougeâtres. 2 Ordinaire.
Bodwas	Pays de Galles	County of Monmouth	809	0.132	8.26	0.82	49.00	4.89	Cassure cubique brillante, assez tendre; pyrites de fer abondantes.	1 Facile. 2 Claire. 3 Peu. 4 Excessivement peu.	1 Brûle bien. 2 Peu.
Hills'Plimouth Work.	Idem	Cardiff	820	0.51	8.23	1.04	62.00	7.01	Structure grenelée.	1 Un peu difficile. 2 Vive et claire. 3 Peu. 4 Excessivement peu.	1 Tirage énergique. 2 Ordinaire.
Resolven	Idem	Neath	039	0.28	8.04	0.665	48.00	4.7	Très-tendre, structure fibreuse très-distincte, ressemblance avec la cassure du fer à gros grains; beaucoup de matières blanches mélangées de pyrites de fer.	1 Facile. 2 Vive et claire. 3 Peu et d'un brun rougeâtre. 4 Fort peu.	1 Se colle légèrement sur la grille, se gonfle et peu après se divise et pendant un bon feu. 2 Fort peu.

SUITE DU TABLEAU 9

NOMS des CHARBONS.	TERRAINS HOUILLERS.	PORTS D'EMBARQUEMENT.	Poids à l'encombrement de 1 mètre cube.	COHÉSION.	Quantité d'eau vaporisée par kilogramme de charbon.	Puissance calorifique rapportée au temps et comparée au Cardiff.	Charbon brûlé par heure et par mètre carré de grille.	Cendres, escarbilles, scories pour 0/0 en poids.	STRUCTURE et ASPECT.	1. ALLUMAGE. 2. FLAMME. 3. FUMÉE. 4. ENCRASSEMENT DES TUBES.	1. EFFETS SUR LA GRILLE. 2. TRAVAIL DE CHAUFFE.
1	2	3	4	5	6	7	8	9	10	11	12
			Kil.		Lit		Kilog.				
Mynydd Newydd	Pays de Galles	Swansea	902	0.43	8.03	0.80	49 »	10.885	Structure compacte et fibreuse assez tendre. Cassure très-irrégulière, petite quantité de substance brune.	1 Assez facile. 2 Claire. 3 Beaucoup. 4 Fort peu.	1 S'agglutine au point de ralentir beaucoup l'activité du feu. 2 Ringarder surtout.
Anthracite Jones et Cie	Idem	Idem	933	0.53	7.98	0.735	43 »	9.329	Cassure irrégulière très-brillante et donnant beaucoup d'éclat. Nature dure et toutefois facile à briser.	1 Extrêmement difficile. 2 Ardente. 3 Très-peu. 4 Fort peu.	1 Allumer avec de la houille bitumineuse, charger à l'entrée du fourneau et pousser ensuite dans le milieu et au fond. 2 Assez grand.
Ward's Fiery Vein	Idem	Llanelly	920	0.87	7.95	0.93	54 »	9.879	Apparence brillante, nature tendre. Structure fibreuse nettement cassée. Très-peu de pyrites de fer et de matières blanches.	1 Facile. 2 Claire. 3 Peu. 4 Fort peu.	1 À la combustion fait entendre un pétillement comme à celui des escarbilles brûlées jetées dans le foyer. 2 Ordinaire.
Graigola	Idem	Swansea	964	0.39	7.89	0.803	47 »	10.518	Structure fibreuse. Peu de consistance. Aspect peu brillant. Traces de substances tendre et brune mélangées à des matières schisteuses.	1 Facile. 2 Claire. 3 Assez abondant. 4 Fort peu.	1 Couvre bien la grille, mais sujette à s'émietter, charger en morceaux d'un volume assez grand. Ne pas ringarder. 2 Peu.
Gadly four foot Seam	Idem	Cardiff	826	0.55	7.84	0.938	49 »	20.08	Présente à un degré très-marqué une apparence radiée demi-cristallisée avec des faces de jointures polies.	1 Difficile. 2 Forte et vive. 3 Très-peu. 4 Excessivement peu.	1 Exige un fort tirage. Grande masse de cendres et de matières incombustibles. Ne pas chercher à brûler les escarbilles. 2 Peu.
Oldcastle Fiery Vein	Idem	Llanelly	816	0.46	7.54	0.883	52 »	6.55	Structure fibreuse, imparfaite. Nature tendre, ressemble à la plombagine. Très-peu de pyrites, se brise facilement en morceaux.	1 Facile. 2 Claire. 3 Peu. 4 Excessivement peu.	1 Couvre bien les grilles, se gonfle un peu, ne s'agglutine qu'au degré suffisant pour retenir le menu. Pétille très-fort et notamment au moment de la charge. 2 Peu.
Llangennech	Idem	Idem	912	0.43	7.48	0.716	42 »	13.916	Structure presque entièrement fibreuse. Nature tendre et apparence terne. Cassure très-irrégulière, ressemblant un peu à celle de l'anthracite. Peu de pyrites de fer et de matières blanches.	1 Facile. 2 Claire. 3 Peu. 4 Excessivement peu.	1 Donne des cendres et des escarbilles rougeâtres. 2 Ordinaire.
Three-Quarter Rock-Vein	Idem	Newport	904	0.42	7.46	0.936	55 »	9.201	Terne, se brise en morceaux très-irréguliers et petits, de forme cubique. Beaucoup de pyrites de fer et de substances blanches.	1 Assez facile. 2 Claire. 3 Abondante et noire, d'abord brun, rougeâtre ensuite. 4 Fort peu.	1 Fort tirage, se colle sur les grilles, les escarbilles brûlent bien, cendres légèrement colorées. 2 Continu.

NOMS des CHARBONS.	TERRAINS HOUILLERS.	PORTS D'EMBARQUEMENT.	Poids à l'encombrement de 1 mètre cube.	COHÉSION.	Quantité d'eau vaporisée par kilogramme de charbon.	Puissance calorifique rapportée au temps et comparée au Cardiff.	Charbon brûlé par heure et par mètre carré de grille.	Cendres, escarbilles, scories pour 0/0 en poids.	STRUCTURE et ASPECT.	1. ALLUMAGE. 2. FLAMME. 3. FUMÉE. 4. ENCRASSEMENT DES TUBES.	1. EFFETS SUR LA GRILLE. 2. TRAVAIL DE CHAUFFE.
1	2	3	4	5	6	7	8	9	10	11	12
			Kil.		Lit.		Kilog.				
Pentrepoht	Pays de Galles	Swansea	925	0.37	7.36	0.721	43	13.481	Très-tendre, structure fibreuse brillante, avec de minces lames très-brillantes et plus fermes. Contient une substance tendre et brune.	1 Difficile. 2 Faible. 3 Peu. 4 Fort peu.	1 Brûle difficilement avec bruit et étincelles, chaleur locale très-intense et laisse beaucoup de résidus. Exige la grille plus chargée que d'habitude. 2 Très-grand.
Cwm Frood Rock-Vein	idem	Newport	880	0.55	7.34	0.712	44	9.522	Dur, cassure très-irrégulière, tendance à se diviser en petites masses prismatiques; fermes. Pyrites de fer en lames irisées. Contient une matière brune et pétroleuse.	1 Assez facile. 2 Pâle. 3 Beaucoup par intervalles. 4 Fort peu.	1 Un feu terne et fumeux, suie très-noire et légère. 2 Ordinaire.
Sydney forest of Dean	»	Lydney	672	0.44	7.20	»	»	»	Compacte, cassure brillante.	1 Facile. 2 Pâle. 3 Beaucoup. 4 Assez abondamment.	1 Peu fumeux, beaucoup de suie, odeur sulfureuse pendant la combustion. 2 Ordinaire.
Walsend Elgin	Ecosse	County of Fife	675	0.51	7.14	0.892	54	4.512	Structure lamelleuse assez dure, les morceaux rhomboïdes, couches très-brillantes et couches d'un éclat moindre. Quelques traces de pyrites de fer.	1 Facile. 2 Claire et vive. 3 Beaucoup et grisâtre. 4 Fort peu.	1 Feu vif et facile à entretenir. 2 Ne doit pas être rechargé.
Cwm Nanty Gros	Pays de Galles	Newport	898	0.44	7.10	0.810	48	6.403	Tendre, structure très-irrégulière. Quantité très-considérable de pyrites de fer mêlées de substances blanches. Parcelles de matières schisteuses très-dures.	1 Facile. 2 Pâle. 3 Beaucoup. 4 Légèrement.	1 Feu un peu fumeux, mais en dirigeant la combustion, et en réglant le tirage, on évite la fumée à la sortie de la cheminée. 2 Ordinaire.
Brymbo Main	idem	Satiney on Birkenhead	733	»	7.03	1.037	61	5.130	Cassure cubique très-brillante, beaucoup de pyrites de fer et une assez grande quantité de schiste blanc coloré en rouge.	1 Très-facile. 2 Claire. 3 Beaucoup et noire. 4 Excessivement peu.	1 Bon feu, facile à entretenir; le mâchefer ne s'attache point aux grilles. 2 Peu.
Inca Hall Pemberton four feet	Lancashire	Liverpool	829	0.60	7.03	1.17	69	3.099	Très-brillante, assez dure, beaucoup de schiste blanc et peu de pyrites de fer.	1 Facile. 2 Vive et claire. 3 Beaucoup. 4 Encrassement peu.	1 Feu vif et clair, produit rapidement la vapeur. 2 Peu.
Newcastle Hartley	Newcastle	Newcastle	805	0.63	7.23	0.712	11.99	8.082	Aspect gras et un peu terreux.	1 Difficile. 2 Claire. 3 Beaucoup. 4 Excessivement peu.	1 Tirage énergique, cendres blanchâtres abondantes, mâchefer fragile s'attachant pas aux grilles. 2 Ringardage fréquent.

SUITE DU TABLEAU 9

NOMS des CHARBONS.	TERRAINS HOUILLERS	PORTS D'EMBARQUEMENT.	Poids à l'encombrement de 1 mètre cube. (Kil.)	COHÉSION.	Quantité d'eau vaporisée par kilogramme de charbon. (Lit.)	Puissance calorifique rapportée au temps et comparée au Cardiff.	Charbon brûlé par heure et par mètre carré de grille. (Kilogr.)	Cendres, escarbilles, scories pour 0/0 en poids.	STRUCTURE et ASPECT.	1. ALLUMAGE. 2. FLAMME. 3. FUMÉE. 4. ENCRASSEMENT DES TUBES.	1. EFFETS SUR LA GRILLE. 2. TRAVAIL DE CHAUFFE.
1	2	3	4	5	6	7	8	9	10	11	12
Hedley's Hartley	Newcastle	Stiekis	833	0.08	6.88	0.741	44 »	14.501	Dur, cassure cubique, exempt de pyrites de fer ; contient beaucoup de matières schisteuses, blanches.	1 Facile. 2 Claire. 3 Beaucoup. 4 Excessivement peu.	1 Tirage très-actif après quelques heures de chauffage, les vides des grilles obstrués par le fraisil et des cendres schisteuses. 2 Ringardage fréquent et attention soutenue.
Bate's West Hartley	Idem	Newcastle	813	0.30	6.78	0.293	38 »	5.039	Contexture dure et esquilleuse, cassure cubique avec des couches alternatives de houille résineuse et de lignite, beaucoup de schiste blanc. Traces de pyrites de fer.	1 Facile. 2 Claire. 3 Beaucoup. 4 Fort peu.	1 Peu de cendres et de mâchefer. 2 Peu.
West Hartley Main	Idem	Idem	782	0.63	6.04	1.123	66 »	4.40	Cassure d'apparence résineuse, souvent concholdale. Couleur très-noire.	1 Facile. 2 Vive et claire. 3 Beaucoup. 4 Excessivement peu.	1 Peu de cendres et de mâchefer, produit rapidement la vapeur. 2 Ordinaire.
Coleshill	Pays de Galles	Ragilt ou Dee	836	0.30	6.74	0.870	51 »	7.696	Mélangée de gros morceaux de schiste bleu et noir.	1 Facile et rapide. 2 Vive et claire. 3 Beaucoup et noire. 4 Légèrement.	1 S'émiette dans le foyer en fragments qui tombent dans le cendrier ; dans les cendres, beaucoup de matières schisteuses et de scories. 2 Ordinaire.
Butlerts Co's Langley	Derbyshire	Heanet	766	0.68	6.58	0.99	38 »	6.461	Excessivement dure ; beaucoup de lignites alternant avec des parties de houille très-brillante, pyrites de fer.	1 Facile. 2 Vive et claire. 3 Beaucoup. 4 Fort peu.	1 Éclate avec bruit dans le foyer. Le mâchefer ne s'attache point aux barreaux ; nettoyer souvent le feu pour empêcher l'accumulation des cendres 2 Ringarder très-souvent.
Dalkeith Coronation Seam	Keosso	Ragilt ou Dee	828	0.70	6.56	0.816	48 »	8.397	•	1 Facile 2 Vive et claire 3 Très-peu. 4 Excessivement peu.	1 grille bien, ne doit pas être ringardé. 2 Peu.
Carr's Hartley	Newcastle	Tyne	766	0.62	6.50	0.877	52 »	6.008	Dure et esquilleuse, un grand nombre d'impressions de végétaux, une assez grande quantité de lignite en feuilles minces.	1 Facile. 2 Vive et claire. 3 Beaucoup. 4 Encrasse beaucoup.	1 Produit assez rapidement la vapeur. Le mâchefer ressemble plus à du schiste brûlé qu'à des scories et n'adhère pas aux grilles. Beaucoup de cendres qui obstruent les vides des grilles. 2 Beaucoup.

NOMS des CHARBONS.	TERRAINS HOUILLERS.	PORTS D'EMBARQUEMENT	Poids à l'encombrement de 1 mètre cube.	COHÉSION.	Quantité d'eau vaporisée par kilogramme de charbon	Puissance calorifique rapportée au temps et comparée au Cardiff.	Charbon brûlé par heure et par mètre carré de grille.	Cendres, escarbilles, scories pour 0/0 en poids.	STRUCTURE et ASPECT.	1. ALLUMAGE. 2. FLAMME. 3. FUMÉE. 4. ENCRASSEMENT DES TUBES.	1. EFFETS SUR LA GRILLE. 2. TRAVAIL DE CHAUFFE.
1	2	3	4	5	6	7	8	9	10	11	12
			Kil.		Litr.		Kilogr.				
Fordel Splint	Ecosse	Fife	881	0.50	6.38	1.073	63 »	2.776	Très-grande ressemblance avec le Walsend Ligin.	1 Facile. 2 Forte. 3 Beaucoup et grisâtre. 4 Fort peu.	1 Le feu s'entretient bien; il est bon de n'avancer que progressivement dans le foyer la houille préalablement chargée à l'avant des grilles. 2 Peu.
Porth mawr Rock-Vein	Pays de Galles	Newport	851	0.50	6.33	0.792	47 »	2.722	Beaucoup de schiste, clivages très-irréguliers.	1 Facile. 2 Claire. 3 Beaucoup. 4 Fort peu.	1 Brûle bien. 2 Ordinaire.
Haswel Coal Co's Stephenson Wall-send	Newcastle	Sunderland ou Hartlepool ou Seaham	793	0.04	6.21	0.800	47 »	10.436	Apparence générale des Hartley, avec un aspect moins brillant.	1 Facile. 2 Claire. 3 Beaucoup. 4 Fort peu.	1 Brûle bien, beaucoup de cendres qui obstruent les trous des grilles. 2 Beaucoup.
Inco Hall Co's Furnace Vein	Lancashire	Liverpool	783	0.27	6.30	1.121	66 »	7.967	Aspect brillant, nature assez dure, matières schisteuses brunes et pyrites de fer.	1 Facile. 2 Claire. 3 Beaucoup. 4 Excessivement peu.	1 Pour maintenir le feu vif, un fort tirage est nécessaire. Grande quantité de cendres et de mâchefer, d'une couleur blanchâtre, nécessitant un usage fréquent du râteau. Le mâchefer ne s'attache point aux grilles. 2 Beaucoup.
Pontypool Rock-Vein	Pays de Galles	Neath	892	0.40	6.30	0.563	33 »	12.907	Brillant, beaucoup de schiste et une assez grande quantité de pyrites de fer.	1 Facile. 2 Claire. 3 Beaucoup. 4 Fort peu.	1 A de la tendance à se transformer en coke, nécessite beaucoup d'attention pour la conduite des feux. 2 Beaucoup.
Grangemouth	Ecosse	Grangemouth	871	0.55	6.24	0.874	51 »	5.905	Terne, très-dur, cassure irrégulière, grande quantité de matière schisteuse très-dure, peu de pyrites de fer.	1 Facile. 2 Pâle. 3 Peu. 4 Légèrement.	1 Couvre bien la grille, se gonfle. Peu fumeux, quoique peu de fumée s'échappe par la cheminée. Cendres blanchâtres comme une fine poussière, mâchefer blanchâtre. 2 Beaucoup.
Eglington	Idem	Addrossan	834	0.63	6.22	1.110	65 »	4.027	Brillant, cassure cubique, petites quantités de pyrites de fer et de matière schisteuse blanche.	1 Facile. 2 Vive et claire. 3 Beaucoup. 4 Excessivement peu.	1 Brûle vite, cendres blanches. Le mâchefer ne s'attache point aux grilles, la conduite des feux demande de l'attention. 2 Ordinaire.
Broomhill	Newcastle	Warkworth	841	0.53	7.37	0.774	46 »	3.486	Structure très-feuillée, très-dure. Traces d'une matière tendre et friable, d'aspect soyeux; quantité considérable de pyrites de fer.	1 Très-facile. 2 Faible. 3 Peu. 4 Légèrement.	1 Cendres et mâchefer blanchâtres, le mâchefer en petits morceaux. Feu terne, pétille. 2 Ordinaire.

SUITE DU TABLEAU 9

NOMS des CHARBONS.	TERRAINS HOUILLERS.	PORTS D'EMBARQUEMENT.	Poids à l'encombrement de 1 mètre cube.	COHÉSION.	Quantité d'eau vaporisée par kilogramme de charbon.	Puissance calorifique rapportée au temps et comparée au Cardiff.	Charbon brûlé par heure et par mètre carré de grille.	Cendres, escarbilles, scories pour 0/0 en poids.	STRUCTURE et ASPECT.	1. ALLUMAGE. 2. FLAMME. 3. FUMÉE. 4. ENCRASSEMENT DES TUBES.	1. EFFETS SUR LA GRILLE. 2. TRAVAIL DE CHAUFFE.
1	2	3	4	5	6	7	8	9	10	11	12
Staveley	Derbyshire	Gainsborough ou Grimsby	Kil. 790	0.71	Ltr. 6.12	1.259	Kilogr. 74	» 4.867	Ressemble par la structure à du bois pétrifié, moins brillant que les Hartley de Newcastle, un peu de pyrites de fer et de schiste blanc.	1 Facile. 2 Claire. 3 Beaucoup. 4 Excessivement peu.	1 Jeté dans le foyer, il éclate et donne des étincelles. La conduite des feux demande des soins continus. 2 Assez grand.
Dalkeith Jewel Seam	Écosse	Bagilt ou Dee	790	0.68	5.97	0.876	51	» 6.327	"	1 Facile. 2 Claire. 3 Peu. 4 Excessivement peu.	1 Ne doit pas être tisonné, brûle bien et donne peu de résidus. 2 Peu.
Moss Hall Co's New Mine	Lancashire	Liverpool	775	0.61	3.94	1.176	60	» 5.808	Très-brillant, cassure cubique. Un peu de matière schisteuse de lignite.	1 Facile. 2 Vive et claire. 3 Beaucoup. 4 Excessivement peu.	1 Quantité considérable d'un mâchefer friable, s'attache fortement aux grilles. 2 Très-grand.
Original Hartley	Newcastle	Seaton-Sluice	786	0.64	5.73	1.335	78	» 4.373	Cassure dure et esquilleuse. Apparence brillante et résineuse.	1 Facile. 2 Vive et claire. 3 Beaucoup. 4 Excessivement peu.	1 Produit rapidement la vapeur, ne donne que peu de cendres, de fraisil et de mâchefer. 2 Peu.
Pentrefelin	Pays de Galles	Swansea	1060	0.42	3.26	0.659	39	» 28.76	Structure fibreuse mais imparfaitement définie; beaucoup de matières oléagineuses et une assez grande quantité d'une substance friable colorée en noir, peu brillante, contient un peu de pyrites de fer.	1 Très-difficile. 2 Pâle. 3 Beaucoup. 4 Assez abondamment.	1 Produit du bruit et jette des étincelles. Production de vapeur très-lente; beaucoup de parcelles menues non brûlées tombent dans le cendrier. 2 Ordinaire.
AMÉRICAINS ANTHRACITES											
Beaver Meadow	Pennsylvanie	»	875	0.80	7.90	0.58	35	» 6.5	Structure plariforme, noir terne, très-sonore au choc.	1 Très-difficile. 2 Claire et vive. 3 Nulle. 4 Presque nulle.	1 Crible au tirate très-énergique, le brûler ou reste en grande masse sans le remuer. 2 Très peu.
Lehig	idem	»	685	0.75	7.17	0.57	34	» 7.2	Sensiblement lamelleux à la cassure, sonore au choc.	1 Très-difficile. 2 Blanche et très-vive. 3 Peu apparente. 4 Peu.	Idem.

NOMS des CHARBONS.	TERRAINS HOUILLERS.	PORTS D'EMBAR-QUEMENT.	Poids à l'encombrement de 1 mètre cube.	COHÉSION.	Quantité d'eau vaporisée par kilogramme de charbon.	Puissance calorifique rapportée au temps et comparée au Cardiff.	Charbon brûlé par heure et par mètre carré de grille	Cendres, escarbilles, scories pour 0/0 en poids.	STRUCTURE et ASPECT.	1. ALLUMAGE. 2. FLAMME. 3 FUMÉE. 4. ENCRASSEMENT DES TUBES.	1. EFFETS SUR LA GRILLE. 2. TRAVAIL DE CHAUFFE.
1	2	3	4	5	6	7	8	9	10	11	12
			Kil.		Lit.		Kilogr.				
CHARBONS GRAS à longue flamme New's Cumberland	»	»	669	0.50	7.80	0.65	38 »	11 »	Lamelleux, à couches régulières, noir un peu luisant.	1 Assez facile. 2 Longue, un peu molle. 3 Noire, non persistante. 4 Assez abondant.	1 Force un tirage un peu énergique, gonfle et colle à la grille. 2 Ramoner fréquemment.
Cumberland marine	»	»	953	0.55	8 »	0.60	19 »	7.6	Cassure cubique à gros grains, luisant, noir analogue au Newcastle.	1 Facile. 2 Longue et vive. 3 Noire, légère. 4 Peu.	1 Tirage ordinaire, brûle bien, colle peu. 2 Risque du crochet, décrasser peu souvent.
Midlothian (moy.)	»	»	665	»	6.75	0.53	33 »	14.8	Cassure grenue, terne, mêlé de brillant, salit les doigts, pyrites abondantes.	1 Un peu long. 2 Courte et jaune. 3 Abondante et grise. 4 Beaucoup.	1 S'agglutine en masse, crevasse la croûte. 2 Très laborieux.
Midlothian marine	»	»	672	»	7.50	0.58	40 »	13 »	Cassure grenue, luisante, un peu friable, peu de pyrites de fer.	1 Assez facile. 2 Assez longue et blanche. 3 Peu abondante, grise. 4 Assez, suie fine.	1 Brûle très lentement, scories moulées peu abondantes. 2 Facile.
Chesterfield	»	»	729	»	7.38	0.70	41 »	9 »	Aspect du Cardiff, mais à grains irréguliers, assez dur, un peu pyriteux.	1 Facile. 2 Très vive et courte. 3 Légère. 4 De peu, suie fine.	1 Brûle longtemps sans se boursoufler, n'écrasse qu'en détériorant pas. 2 Ramoner avec la lance.
Picton	»	»	813	»	7 »	0.82	48 »	12 »	Cassure compacte d'un noir foncé sans être bien luisant.	1 Un peu long. 2 Longue, blanche. 3 Grise, abondante. 4 Peu.	1 Brûle assez vite sans s'agglutiner. 2 Ramoner peu, décrasser avec le crochet.

L'Anthracite, au premier coup d'œil. ressemble à la houille maigre; quelques variétés sont employées sous cette dénomination. En France, l'administration des mines considère comme anthracite tous les combustibles minéraux, quel que soit le gisement, qui ne donnent pas de coke par la distillation en vase clos, ni de matières huileuses et aqueuses en notable quantité et dont le résidu fixe à la distillation, abstraction faite des cendres, s'élève au moins à 85 0/0. (Voir le Tableau 4 pour la distinction par les réactifs.) Généralement, l'anthracite frais caractérisé est d'un noir moins opaque et plus métallique que la houille, et un peu sonore au choc; sa contexture est lamelleuse, serrée ou compacte, sa cohésion très-grande. Il en existe cependant qui sont grenus et friables.

Composition élémentaire moyenne. — Carbone 0,90, hydrogène 0,03, oxygène 0,03, cendres 0,04.

Matières mélangées. — Argile, oxyde de fer, pyrite en très-faible quantité dans les anthracites parfaitement caractérisés; quelques variétés cependant sont excessivement pyriteuses; matières terreuses 0,2.

Produits de la distillation. — Des traces d'huile et quelques matières ammoniacales; coke très-pulvérulent et en très-faible quantité; cendres blanches, peu abondantes; acide carbonique.

La densité varie de 1,34 à 2.

COMPOSITION DE QUELQUES ANTHRACITES.

	La Mure (Isère)	Pensylvanie	Binic	Chaumière (Laval)	Baconnière (Laval)	Moutiers (Savoie)	Mussy (Sous-Dun)	Mont-de-Lans	Ernani	Corse	Maudre (Isère)	Sablé	Swansea (Angleterre)	Vizille (Isère)
Carbone.	91.3	86.0	83.0	84 7	66.5	74.4	76.7	73.3	70.0	88.0	91.3	69.3	90.58	94.09
Cendres.	2.7	6.0	4.0	7.3	23.0	19.6	14.8	13.2	21.0	6.0	2.7	24.5	1.76	1.90
Matières volatiles.	6.0	8.0	11.0	8.0	8.5	6.0	8.5	13.5	6.0	6.0	6.0	7.1	7.70	4.01

Emploi et caractères à la combustion. — Hormis en Amérique, où ce combustible est très-abondant, il est beaucoup moins employé que la houille, bien que son pouvoir calorifique soit plus grand. Les défauts qui expliquent son exclusion relative, sont : la grande difficulté de l'allumage ; la nécessité d'entretenir sa combustion par un tirage très-énergique ; l'extinction du feu, dès que la température dans le foyer s'abaisse sensiblement ; l'obligation de donner de grandes dimensions aux foyers et aux surfaces de chauffe, ce qui augmente le prix de revient et l'encombrement des chaudières. Ces défauts relatifs proviennent en grande partie de ce que ce combustible ne contenant pas, ou infiniment peu, de carbure volatil, de bitume et d'huile, il ne peut entrer en combustion qu'à une très-haute température. D'autre part, sa grande teneur en carbone, sous un petit volume, exige une plus grande quantité d'oxygène que la houille bitumineuse et il s'échauffe difficilement.

L'atténuation de ces inconvénients consiste : 1° à l'allumer avec une forte proportion (0,5) de houille grasse ; 2° à le concasser en fragments assez petits, pour que le même poids de combustible présente plus de surface en contact avec l'oxygène de l'air amené dans le foyer ; 3° en le brûlant en grandes masses d'une faible hauteur, de 6 à 7 centimètres, moitié moins que pour la houille, afin de maintenir une haute température dans le fourneau ; 4° en activant le tirage par une injection forcée d'air dans la cheminée, préférablement à l'insufflation au-dessous de la grille ou dans le foyer même.

Le feu d'anthracite bien actif donne une flamme blanche, très-courte et très-chaude. La fumée est grise et légère au moment de la charge de la grille et nulle après. Cendres blanches et un peu abondantes ; excessivement peu de scories

Les variétés d'anthracite les mieux connues sont : l'*anthracite compacte vitreux*, homogène a la cassure, rendant un son métallique par le choc, très-difficile à allumer, flamme très-chaude. Cette variété est très-abondante en Amérique et très-employée sous la dénomination d'*Anthracite de Pensylvanie*.

L'*anthracite friable en masse*, à texture grenue, tachant les doigts et s'égrenant sous le choc.

L'*anthracite écailleux*, divisible en larges écailles solides dont la surface est inégalement ondulée et éclatante, tache moins les doigts que la variété précédente.

L'*anthracite feuilleté*, très-divisible par feuillets larges et ondulés, moins résistant que l'anthracite écailleux.

L'*anthracite globuleux*, formé de fragments sphériques; on le rencontre particulièrement en Norwége.

AGGLOMÉRÉS DE HOUILLE, COMBUSTIBLE ARTIFICIEL, BRIQUETTES. — L'usage de ce produit fabriqué se répand de plus en plus, sa confection comprend trois opérations :

1^r *Opération.* — Choix et épuration du menu charbon : le mélange en parties égales de houille maigre et de houille demi-grasse donne de très-bons résultats. Les menus employés proviennent de l'extraction et du transbordement des masses en roches plus ou moins volumineuses ; tout ce qui passe par la grille de 3 à 5 centimètres de maille convient à la fabrication des agglomérés. A l'usine, les menus sont séparés du poussier à l'aide d'un cylindre creux qui les reçoit et qui, mis en rotation sur un arbre incliné, les fait passer par des claires-voies successives, à mailles graduellement grandes. Un lavage mécanique épure et débarrasse les deux produits du vannage des matières terreuses, sulfureuses ou calcaires. Le gailletin roulant (menu d'un volume appréciable) est ensuite soumis au broyage entre deux cylindres, dont l'un est cannelé et l'autre uni, on obtient ainsi du charbon en grains.

2e *Opération.* — Agglutination du charbon en grains et du poussier au moyen de goudron du gaz, ou de brai gras ou de brai sec, ou bien au moyen d'encollages gélatineux, mucilagineux, résineux, additionnés de matières comburantes, hydrogénées ou carbonées. L'agglutination avec 8 0/0 de brai sec, les houilles broyées se composant de 0,75 de la qualité dite maigre et de 0,25 de celle dite demi-grasse, donne des produits très-appréciés à l'emploi. Généralement, les briquettes fabriquées dans ces conditions donnent des échantillons qui ne se ramollissent pas à la chaleur de 50°, et qui conservent une bonne cohésion si on la leur a donnée au moulage ; elles brûlent avec une flamme vive et intense en produisant peu de fumée d'un gris uniforme. Le mélange se fait dans des cuves au contact d'une quantité mesurée de vapeur d'eau surchauffée de 200 à 300°.

3ᵉ *Opération*. — Compression et moulage à l'aide de machines de dix à vingt chevaux disposées pour faire subir à chaque échantillon d'un poids moyen de 8 kilog., une pression de 40 à 50 kilogr. par centimètre carré de surface. A un degré inférieur de compression, toutes choses égales d'ailleurs, la briquette perd beaucoup de ses qualités, même de son pouvoir de vaporisation pratique.

« Les briquettes devront être dures, sonores, homogènes,
» peu hygrométriques, à peu près dépourvues d'odeur.
» Elles seront fabriquées avec des menus de première
» qualité et lavés avec soin. Leur poids sera de 9 à 10 kil.
» et ne devra pas excéder cette dernière limite. En aucun
» cas, le menu résultant des brisures ne pourra dépasser
» 5 0/0. La densité moyenne des charbons ne devra pas
» être inférieure à 1,19.
» Les briquettes devront s'allumer facilement et brûler
» avec une flamme intense et claire, sans se désagréger au
» feu, et en ne produisant qu'une fumée grise et légère.
» Elles ne devront pas être inférieures, sous le rapport de
» la quantité d'eau vaporisée par kilogr. de combustible,
» aux charbons admis par l'administration à concourir à
» cette fourniture, et la proportion de cendres résultant de
» leur combustion ne devra pas excéder 9 0/0. » (Extrait du cahier des charges dans les marchés avec la marine.)

Comparativement au charbon en roches de même provenance que les menus qu'on a fait entrer dans la composition des briquettes, ces dernières ont la préférence et pour les raisons suivantes :

Allumage plus prompt. — Chauffage méthodique plus facile. — Production de vapeur un peu plus abondante et plus uniforme. — Encombrement moins grand pour la même quantité de chaleur à produire. — Combustion spontanée dans un amas de combustible beaucoup moins

probable et corrod ition du métal des chaudières, par les pyrites et les gaz sulfureux, moins promptes, nulles même,
si le lavage des menus a été parfaitement fait. (Voir tableau
7 les résultats à l'emploi de quelques variétés de briquettes.)

Pour les circonstances où il s'agit avant tout de produire
un coup de feu vivement et d'une certaine durée, on fait
usage de briquettes creuses.

Coke. — Le coke de four est obtenu par la calcination
en tas de la houille lavée, dans des fours où la calcination
se produit par la combustion des produits gazeux qui se
dégagent de la masse charbonneuse, par suite de l'élévation de température que cette combustion elle-même détermine. Il est plus particulièrement employé dans la
métallurgie.

Le coke de gaz est celui que l'on retire des cornues des
usines à gaz où la houille a été carbonisée en vase clos
pour en extraire les composés gazeux et liquides. Préparé
à une température moins élevée que le coke de four, il
est généralement moins agglutiné, moins poreux et il
brûle moins bien.

MOYENNE DE LA COMPOSITION DU COKE.

COKE.	CARBONE.	HYDROGÈNE oxygène et azote.	CENDRES.	POIDS de l'hectolit.
de four......	84	4	12	de 40 à 45 k.
d'usine à gaz.	58	16	26	de 30 à 35 k.

(Voir le tableau 10 pour le rendement des houilles en
coke et la nature du coke.)

Les houilles exposées à l'air pendant longtemps, perdent
une partie du principe gras qui détermine la formation
du coke lors de la calcination. A égalité de poids, le pou-

voir calorifique du coke est les 0,88 de celui de la houille et pour la même dépense d'argent on obtient, à 4 0/0 près, la même quantité de travail avec le coke qu'avec la houille.

Emploi pour le chauffage des chaudières. Le coke s'allume moins vite que la houille et s'éteint plus facilement; il ne produit ni flamme ni fumée et il fournit une température plus régulière.

La calcination a expulsé de la houille transformée en coke, le soufre et les pyrites qu'elle contenait; à ce point de vue, ce combustible a une très-grande importance pour la métallurgie et la conservation du métal des appareils où il est brûlé. Avec le coke, le feu n'est jamais engorgé comme avec la houille collante, et comme il peut brûler sous une grande épaisseur, il permet de mettre plus de combustible dans un foyer d'une grandeur déterminée, pour obtenir dans un même espace ou dans un même temps, une plus grande émission de chaleur. A égalité de pouvoir calorifique il est d'un prix plus élevé que la houille dans les limites de 4 à 6 0/0.

Une bonne qualité de coke se distingue par les propriétés suivantes : gros morceaux de 8 à 15 centimètres cubes (de une à deux fois la grosseur du poing), sec, sonore; la cassure est plus terne que luisante, d'une apparence métallique comme la cassure de l'acier. Il brûle peu à peu avec une chaleur uniforme au lieu de donner un coup de feu vif au début et de manquer ensuite d'activité en prenant dans le foyer l'apparence d'un amas de terre rougie. Il ne donne pas dans le cendrier des résidus poudreux, abondants et des mâchefers collant sur la grille.

Le coke, contrairement à la houille, gagne un peu à ne pas être employé de suite après sa fabrication ; mais il ne convient pas de le conserver pendant plus de six mois, sinon il perd notablement de sa puissance de vaporisation.

TABLEAU 10.   RENDEMENT EN COKE DE QUELQUES VARIÉTÉS DE HOUILLE.

| HOUILLES. | DURETÉ. | DENSITÉ. | POIDS d'un hec-tolitre. | COMPOSITION ÉLÉMENTAIRE. | | | COKE. | | EAU ammonia-cale. | BITUME | GAZ. | TOT L général. | TOTAL des parties volatiles. |
				C	H	O et A	Qualité.	Quan-tité.					
1 Sèches à longue flamme. Flénus secs. Sandkohle. Splint-Coal.	Dures, com-pactes.	1,25	70ᵏ	75 à 80	5,5 à 4,5	10,5 à 15,5	Non aggl003méré, pulvérulent.	56 à 60	12 à 5	18 à 15	20 à 20	100 à 100	50 à 40
2 Grasses à longue flamme. Flénus gras. Charbons à gaz. Cherry-Coal.	Dures, tenaces.	1,30	70 à 75	80 à 85	5 8 à 5,0	14,2 à 10	Aggloméré, poreux, friable, léger.	60 à 68	5 à 3	15 à 12	20 à 17	100 à 100	40 à 30
3 Grasses fondantes. H. Maréchales Fines forges, collantes. Backkohle Caking-Coal. Noires brillantes. Fiamme moins longue.	Peu dures.	1,30	75 à 80	84 à 89	5 à 5,5	11 à 5,5	Bien fondu, très-gonflé, compacte.	68 à 74	3 à 1	13 à 10	16 à 15	100 100	32 à 26
4 Grasses à coke dur. A courte flamme. Peu inflammable. Perdant à l'air la substance collante. Houilles de Charle oi, du Centre. Du Hainaut, du Puits. Chaptal (Creusot).	Très-friables.	1,30 à 1,35	80	88 à 91	5,5 à 4,5	6,5 à 4,5	Fondu, compacte, dur.	74 à 82	1 à 1	10 à 5	15 à 12	100 100	26 à 18
5 Maigres anthraciteuses. Sinterkohlen. Sandkohlen. Noires ternes.	Un peu plus co-hérentes	1,35 à 1,40	85	90 à 93	4,5 à 4	5,5 à 3	Peu agglutiné, frité, pulvérulent.	82 à 90	1 à 0	5 à 2	12 à 8	100 100	18 à 10

Bois. — Le bois est formé : 1° de la cellulose qui constitue la charpente solide du végétal ; 2° d'une matière incrustante de composition variable avec les différentes essences de bois ; 3° de matières étrangères qui dans la combustion donnent naissance aux cendres.

TABLEAU 11

Composition élémentaire de quelques variétés de bois desséché (BAER)

	CARBONE.	HYDROGÈNE.	OXYGÈNE.	CENDRES
Hêtre (2ᵉ qualité.).	0,483	0,060	0,450	0,005
Hêtre blanc.......	0,481	0,061	0,449	0,008
Chêne.	0,489	0,059	0,431	0,002
Pin jeune........	0,506	0,063	0,426	0,005
Pin flotté vieux....	0,499	0,061	0,434	0,006
Peuplier.........	0,430	0,063	0,498	»

Considéré comme combustible, le bois ayant une année de coupe, contient sur 100 kilogr., abstraction faite des résidus des gommes, etc. : carbone, 38ᵏ48 ; — hydrogène, 5ᵏ94 ; — oxygène, 31ᵏ58 ; — eau mélangée, 25 ; — cendres, 1. — Total : 100 kilogr. Lorsqu'il est vert, l'eau peut s'élever de 0,36 à 0,50 de son poids. Lorsqu'il est parfaitement desséché, il absorbe de nouveau l'humidité atmosphérique

Le bois brûle avec une fumée rare, peu colorée et non persistante ; mais sa combustion donne naissance à des produits empyreumatiques et à une grande quantité de vapeur d'eau qui, en absorbant pour sa formation une partie de la chaleur produite, diminue la quantité de chaleur à utiliser. La combustion du bois pour le chauffage

des chaudières à vapeur exige des foyers longs et vastes,
et au moins deux fois plus hauts que pour la houille ;
l'accès de l'air n'a pas besoin d'être facilité autant que pour
le combustible minéral ; aussi donne-t-on aux cendriers
une section 1/3 moins grande pour la même surface de
grille. Les bois qui brûlent avec flamme sont les plus
avantageux pour la production de la vapeur. Cette production par la combustion d'un poids donné de sycomore
étant représentée par 1, elle sera dans la même chaudière,
pour le même poids d'une autre essence, représentée par
les nombres suivants.

Sycomore.. .. 1,00	Mélèze et orme. 0,72	Tilleul.... 0,55
Pin sylvestre.. 0,89	Chêne blanc.. 0,70	Tremble....... 0,51
Hêtre et frêne. 0,87	Bouleau...... 0,68	Aulne......... 0,46
Charme....... 0,85	Sapin........ 0,63	Saule......... 0,40
Alisier....... 0,82	Acacia........ 0,59	Peuplier d'Italie. 0,39
Chêne rouvre. 0,75		

Comme résultats d'une longue pratique, Tom Richard
signale que 1 kilogr. de bois à brûler a donné 3^k500 de
vapeur et qu'à l'usine de Bacalan, d'après M. Lefebvre, on
consommait par heure 9^k500 de bois de pin maritime vieux
et résiné dans la chaudière d'une machine de 12 chevaux ;
la consommation de houille dans la même chaudière étant
de 4^k200 pour produire le même travail.

TABLEAU 12

	POUVOIR calorique ou chaleur produite par 1 kil. de combustible aux essais de laboratoire.	POIDS à l'encombrement du stère ou du mètre cube.	POIDS D'EAU en kilogrammes vaporisée dans la pratique pour la combustion de		RAPPORT de la quantité d'eau vaporisée par le bois à celle vaporisée par la houille.	
			un kilogramme du combustible.	un stère ou mètre cube.	En poids.	En volume à l'encombrement
	1	2	3	4	5	6
	cal.	kil.	kil.	kil.		
Houille (type de comparaison)	8000	900	8,556	7700,00	1 »	1 »
Acajou	3312	424	4,128	1750,27	0,482	0,227
Aulne (en quartiers)	3151	285	3,925	1110,77	0,458	0,145
Bouleau (en gros rondins)	3220	400	4,013	1605,20	0,469	0,208
Bourdenne (écorce)	3059	»	»	»	»	»
Charme	2875	398	3,583	1426,93	0,418	0,185
Chêne (coupé depuis un an en bûches fendues)	2875	375	3,583	985,32	0,418	0,129
Id. (sec)	3300	»	»	»	»	»
Id. (séché à l'air)	2925	»	»	»	»	»
Id. (en copeaux)	2550	»	»	»	»	»
Érable	3013	»	»	»	»	»
Ébène	3427	560	4,271	2391,76	0,496	0,310
Hêtre (en gros rondins refendus)	3151	375	3,925	1471,87	0,458	0,191
Id. (fortement desséché dans un poêle)	3630	»	»	»	»	»
Lilas (vert)	2070	»	»	»	»	»
Id. (desséché)	3381	»	»	»	»	»
Liége (écorce du chêne)	4531	120	5,647	677,64	0 660	0 088
Pin (bois de quartier)	3151	256	3,925	904,90	0,458	0,117
Sapin (en gros bois)	5335	320	4,157	1330,24	0,485	0,172
Id. (bien séché à l'air)	3376	»	»	»	»	»

CHARBON DE BOIS. — Produit de la calcination du bois en meule ou en vase clos. A 200° le bois ne se carbonise pas ; à 250° on n'obtient qu'un charbon fumeux autrement dit des brûlots ; à 300° on forme le charbon roux employé à la fabrication de la poudre de chasse ; à 350° on a le charbon noir. Il brûle lentement sans fumée lorsqu'il est bien carbonisé et se recouvre d'une cendre blanche, qui lorsqu'elle n'est pas emportée par le tirage rend moins active l'action de l'air sur la surface en ignition et ralentit ainsi la combustion. Sa composition élémentaire est moyennement de : carbone 0,79, hydrogène et oxygène 0,14, cendres 0,07. Sa puissance calorifique varie de 6.000 à 7.000 calories, et son pouvoir rayonnant est égal à environ la moitié de la chaleur totale qu'il développe. A poids égaux les effets calorifiques des divers charbons sont peu différents ; les différences sont en faveur du bois tendre. A volumes égaux, les effets calorifiques peuvent être relativement mesurés par les chiffres suivants : Dans la pratique le pouvoir calorifique du charbon de chêne étant 1, le frêne = 0,858 ; — hêtre = 0,689 ; — orme = 0,654 ; — pin = 0,627 ; — bouleau = 0,600 ; — châtaignier = 0,574 ; — peuplier = 0,346.

Lorsque le charbon commence à brûler, exposé au contact de l'air, il donne du gaz acide carbonique et du gaz hydrogène carboné. Il ne fournit que de l'acide carbonique lorsqu'il est bien enflammé.

Le mètre cube de charbon de bois dur pèse de 210 à 230 kilogr., et celui de bois tendre de 180 à 200 kilogr. Le premier développe plus de chaleur à volume égal que le charbon de bois tendre à peu près proportionnellement à la densité des bois dont ils proviennent, car leur pouvoir calorifique n'est pas différent.

Le charbon obtenu par la distillation en vase clos est

léger, friable ; il brûle facilement, mais il n'a pas la même
valeur que le charbon cuit en meules pour donner la température très-élevée nécessaire pour la plupart des opérations métallurgiques. C'est le charbon de bois dur qu'il
convient aussi d'employer dans ces opérations. Il n'est pas
employé dans les foyers des chaudières à vapeur.

Le charbon possède la propriété d'absorber un très-grand nombre de gaz et quelques-uns en quantité considérable, comme l'ammoniac, de décolorer un grand nombre de substances et de purifier en absorbant et solidifiant
les gaz putrides.

HYDRO-CARBURES. — GOUDRON. — HUILE DE PÉTROLE. — HUILE MINÉRALE

Ce sont des composés de carbone et d'hydrogène à l'état
gazeux, liquide ou solide. A l'état gazeux, ils sont formés
par la combustion des combustibles minéraux brûlant
dans des conditions anormales. A l'état mou ou liquide,
ils proviennent, soit de la distillation des combustibles
végétaux (essence de térébenthine) ou minéraux, et principalement de la houille (goudron), soit de la formation
naturelle, dans le voisinage des terrains houillers (asphalte,
napthaline). A l'état liquide, on les rencontre à une profondeur de 10 à 20 mètres dans certaines contrées et principalement en Amérique, ou bien on les obtient par la distillation du pin maritime ou des schistes bitumineux.
Les hydrocarbures s'enflamment très-facilement et brûlent

avec une flamme plus ou moins vive, souvent avec fumée et odeur, sans laisser de résidu charbonneux bien sensible.

Goudron. — Produit de la distillation et de la combustion de différentes parties de pins, de sapins (goudron végétal) et de la houille (goudron minéral). Consistance sirupeuse, couleur noirâtre, odeur empyreumatique quand il provient du bois, odeur très-différente et particulière quand il provient de la distillation de la houille dans la fabrication du gaz d'éclairage. C'est un mélange complexe de résine et de composés pyrogénés, tels que la créosote. Le goudron provenant de la houille a pour composants bien connus l'acide phénique, l'ammoniac, l'aniline et des hydrocarbures solides et liquides, tels que la benzine, la naphtaline, etc. Quelques variétés de houilles très-grasses laissent couler des aiguilles de goudron sous la grille, si la combustion se fait mal dans le fourneau et particulièrement lorsque l'on ferme les portes des cendriers. On peut utiliser comme combustible le goudron provenant de la fabrication du gaz d'éclairage, en le faisant couler dans le foyer où sont logées les cornues chargées de la houille à distiller. Dans ces conditions, il ne faut que 0 kilog. 550 de goudron pour produire le même effet que 1 kilog. de coke.

Huile de pétrole. — Les hydro-carbures liquides qui se présentent sous la forme d'huile lorsque celle-ci est épurée, sont classés parmi les huiles *essentielles* ou essences qui se distinguent des huiles grasses, parce que la tache qu'elles font sur le papier disparaît au bout de quelque temps par la volatilisation de l'essence, tandis que la tache d'huile grasse persiste indéfiniment.

Huile de pétrole d'Amérique (huile de pierre.) — A l'état brut, sa densité varie de 0,90 à 0,86, soit 825 grammes en moyenne, pour le poids du litre. Elle entre en ébullition vers 30° lorsqu'on la distille ; mais à mesure que la distillation continue, sa température s'élève graduellement jusqu'à 250°. Par la distillation à feu direct ou à la vapeur sous des cornues en fonte et par l'épuration et le raffinage avec 10 % d'acide sulfurique ou d'alcool et de la chaux, on obtient moyennement les produits commerciaux suivants, pour 100 kilog. d'huile brute :

	Densité.	Poids
Essence de pétrole dite benzine.........	0,750	11ᵏ
Huile flambante ou à brûler............	0,815	39
Huiles lourdes à graisser, ou à brûler pour vaporiser l'eau dans des chaudières spéciales.........................	0,900	32
Goudron et pertes.................	»	18
		100ᵏ

Le kérosolène est le premier produit de la distillation, quand on le recueille à part ; il est plus léger que la benzine à laquelle il se trouve mêlé ; si on poursuit la distillation, sa densité ne dépasse pas 0,680. Il a une odeur presque agréable et les propriétés anesthésiques du chloroforme. La benzine émet des vapeurs inflammables à la température de 10°, il est donc très-imprudent de la transvaser dans le voisinage d'un corps très-chaud ou en ignition et ailleurs qu'en plein air. Sa pureté est constatée s'il ne reste aucune marque permanente sur du papier qui en a été humecté.

Huile flambante ou *Huile d'éclairage*. — Toute huile de cette nature qui émet de la vapeur inflammable au-dessus de 45° centigrades, doit être condamnée comme huile à rûler.

Huiles lourdes de pétrole. — On les emploie à l'état brut ou après qu'on en a extrait la benzine, l'huile à brûler et les goudrons. Les essais de ces huiles à l'état brut faits pour la génération de la vapeur, au moyen de fourneaux spécialement disposés, ont donné en 17 minutes 17 kilogr. de vapeur, soit l'utilisation de 10,829 calories, sur 12,000 calories qu'on attribue à la puissance calorifique de cet hydro-carbure. La perte par la combustion est donc de 10 0/0; celle de la houille est de 38 0/0 dans les meilleures conditions. L'huile lourde provenant de la distillation est employée au graissage des mouvements des machines, en lieu et place des huiles animales et végétales.

Gaz des hauts-fourneaux. — Une partie des gaz chauds qui s'échappent de la cuve où l'on soumet le minerai à une très-haute température pour la fabrication des métaux bruts, ou encore une partie de ceux des fourneaux à fabriquer le coke, peut être conduite dans des fours à travailler le fer ou sous des chaudières à vapeur, sans troubler le fonctionnement du haut-fourneau.

La composition de ces gaz est extrêmement variable quand le haut-fourneau fonctionne au charbon de bois ou au coke, et lorsque les gaz sont pris au gueulard ou au-dessus de la cuve.

	FOURNEAU AU CHARBON DE BOIS.	FOURNEAU AU COKE.
	lit.	lit.
Vapeur d'eau	0,117	»
Acide carbonique	0,125	0,00625
Hydrogène proto-carboné	0,036	0,0143
Oxyde de carbone	0,156	0,34345
Azote	0,566	0,636

La densité des gaz des hauts-fourneaux est comptée moyennement à 1,645 par rapport à celle de l'air. On obtient par mètre cube de gaz brûlé de 1.000 à 1.200 calories. On peut enlever d'un haut-fourneau la moitié de la totalité du gaz.

GAZ D'ÉCLAIRAGE.

Il provient de la distillation de la houille dans des cornues en terre réfractaire moulée et cuite ou en fonte, soumise à une forte chaleur dans des foyers spéciaux.

Des différents Gaz à considérer dans la combustion du Gaz d'éclairage.

COMPOSITION du Gaz d'éclairage en volumes.	PRODUITS de la combustion.	COMPOSITION en volume des Gaz brûlés.	Volume d'acide carbonique.	Volume de vapeur d'eau.	Volume d'azote.	Volume total des gaz brûlés.	Volume d'oxygène fixé.	Volume d'air correspondant.
Hydrogène proto-carboné.. 0,59	Acide carbonique.	$0,59\left(\frac{1}{2}C+O\right)$	0,59	»	»	0,59	0,59	2,769
	Eau.	$0,59\times2\left(H+\frac{1}{2}O\right)$	»	1,18	»	1,18	0,59	2,769
Hydrogène bi-carboné..... 0,09	Acide carbonique.	$0,09\times2\left(\frac{1}{2}C+O\right)$	0,18	»	»	0,18	0,18	0,845
	Eau.	$0,09\times2\left(H+\frac{1}{2}O\right)$	»	0,18	»	0,18	0,09	0,422
Oxyde de carbone........ 0,07	Acide carbonique.	$0,07\left(\frac{1}{2}C+O\right)$	0,07	»	»	0,07	0,035	0,164
Hydrogène.............. 0,21	Eau.	$0,21\left(H+\frac{1}{2}O\right)$	»	0,21	»	0,21	0,105	0,493
Azote................ 0,04	Azote.	0,04 AZ	»	»	0,04	0,04	»	»
1,00			0,84	1,57	0,04	2,45	1,59	7,462

TABLEAU DES RÉSULTATS PRATIQUES DE LA FABRICATION DU GAZ
POUR 100 KILOGRAMMES DE HOUILLE DISTILLÉE.

PROVENANCES	CONSOMMATIONS		PRODUITS			
	Houille distillée	Coke brûlé	Coke tout venant à vendre	Goudron	Eaux ammoniacales	Gaz
	Kilogr.	Kilogr.	Kilogr.	Kilogr.	Kilogr.	m. cub.
Anzin	100	21.60	52.80	6.35	6.30	23.90
Mons	100	20.82	57.78	6.37	6.96	24.10
Idem	100	19.56	52.85	7.31	7.97	21.00
Idem	100	20.73	54.15	5.67	8.24	21.33
Idem	100	20.52	56.42	7.74	7.03	24 16
Grand-Hornu	100	19.36	56.15	6.93	7.67	23.15
MOYENNES..	100	20.43	55.02	6.73	7.	22.94

On dépense en moyenne 1ᵏ54 de chaux pour l'épuration
du gaz de 100 kilog. de houille ; d'après ces résultats on
peut calculer très-approximativement le prix P de revient
du mètre cube de gaz au gazomètre par la formule :

$$P = \frac{1}{22,94}\left[(A\,100 + B.\,20,43) - B.\,55,02 - C.\,6,73 - D.\,7,31 - h.\,1,54\right] + x$$

Dans cette formule A désigne le prix du kilog. de houille.

—	B	—	du coke tout venant.
—	C	—	du goudron.
—	D	—	des eaux ammoniac.
—	h	—	de la chaux.
—	x	—	de la main-d'œuvre

obtenu en divisant la dépense de la main-d'œuvre de la
journée, par le nombre de mètres cubes du gaz produit.

Le volume de 1 kilogr. de gaz d'éclairage = $1^{m^3}637$ et le poids de 1^{m^3} est de $0,^k611$, soit les 0,47 du poids de l'air. Un mètre cube produit 5.000 calories en brûlant dans de bonnes conditions et 1 kilogr. produit 8.135 calories.

L'emploi du gaz d'éclairage à la production de la vapeur n'a pas donné des résultats économiques; mais les machines motrices dites à gaz se généralisent dans les industries où il faut une faible puissance, de 1/2 cheval vapeur à 3 chevaux. Dans la plupart de ces machines le mouvement utile est ainsi produit : Le piston dont le dessus est en contact avec l'atmosphère est placé au bas de sa course, un mécanisme de déclanche le rend alors indépendant de l'arbre moteur de la machine; l'explosion d'une certaine quantité de gaz mêlé à l'air atmosphérique se fait au-dessous de lui et le soulève jusqu'au haut du cylindre, d'où il retombe poussé utilement par l'excès de la pression atmosphérique sur celle qui reste dans la capacité fermée du cylindre. Dans cette capacité, en effet, les volumes de gaz et d'air atmosphérique primitivement introduits se sont dilatés à mesure que le piston en remontant par l'effet de l'explosion a agrandi l'espace; la pression a donc diminué proportionnellement à l'augmentation du volume sous le piston. Pour la descente utile du piston, un mécanisme le met en prise avec l'arbre moteur. Ces machines sont donc à simple effet. Pour leur théorie, et dans certains cas, pour le calcul de leurs effets à la pratique, il est indispensable de tenir compte des réductions de volume dans la combustion des gaz.

TABLEAU 14

TABLEAU DES RÉDUCTIONS DE VOLUME

DANS LA COMBUSTION DU GAZ D'ÉCLAIRAGE.

CIRCONSTANCES DANS LESQUELLES LA CONDENSATION EST ÉVALUÉE	COMBUSTION par L'OXYGÈNE	COMBUSTION par l'air ATMOSPHÉRIQUE
La vapeur et l'acide carbonique restant gazeux.	0,054	0,018
La vapeur d'eau étant condensée....	0,661	0,202
La vapeur et l'acide carbonique étant liquéfiés.	0,980	0,300

Nous rappellerons, en terminant, que le plus grand nombre des renseignements insérés dans cette note sont le résumé numérique des travaux sur la combustion, publiés par les habiles expérimentateurs cités : Péclet, William, Favre, Silberman, Tresca, Delautel, etc. Les indications inédites qui sont notre fait personnel, s'appuient sur des observations de longue durée.

BREST. — IMP. J. B. LEFOURNIER AÎNÉ, GRAND'RUE, 86